失敗しない！
クレーム対応
100の法則

HANDLING COMPLAINTS

お客様の怒りを笑顔に変える
ファン化のコミュニケーション

日本クレーム対応協会 代表理事
谷 厚志
ATSUSHI TANI

日本能率協会マネジメントセンター

はじめに
　——お客様の怒りを笑顔に変える100の法則

　私は今、クレーム対応のコンサルタントとして仕事をしています。しかし、過去の私は企業のお客様相談室に勤務していたものの、クレーム対応の仕事が大嫌いでした。生活のために仕方なくしていたのです。
　「えっ！　そんなことで！」と思うようなことにわざわざクレームを言っている人ばかり。しかも、長々と同じことを何度も言ってくるのです。クレームを言う人は変な人ばかりだと考え毎日毎日、イライラしていました。嫌な世の中になったと思っていたのです。

　そんななか、クレームのストレスに耐えきれずに会社をやめよう、転職をしようと決意し、履歴書と職務経歴書を書き始めたのですが、そのときに私はすごいことに気付いてしまいました。
　それは、「**仮に転職しても、人事異動でお客様相談室に配属になったら、またその会社が嫌になって転職を続けるのではないか!?**」ということでした。自分史上、最大の発見でした。
　転職先で過去のお客様相談室の仕事の経験を買われて、配属先がまたお客様相談室になったり、クレームの多い部署に配属になったりする可能性もあります。自分がクレームから逃げ続けている限り、転職を繰り返してしまうのではないかと気付いたのです。

つまり私の発見とは、「会社を変えるのではなくて、自分を変えることが必要だ」ということでした。毎日を上機嫌で楽しく仕事をするためには、今の置かれた状況は変わらなくても、自分が変わることしかないと気付いたのです。

　「好き嫌いはダメ」と自分のふたりの子供には言っていたのに、自分自身ができていませんでした。
　そこで、まず私が取り組もうとしたことが、**クレームに対する自分の意識を変える**ことでした。
　私の一番の問題は、クレームから逃げようとしていることです。とにかく、これからは逃げずに抱きしめよう、向き合ってみようと考えて実践するようにしました。

　最初はうまくいきませんでしたが、しばらくしてわかったことがありました。
　"お客様はなぜ、長々と同じことを何度も言ってきたのか"に対する答えです。私が「えっ！　そんなことで！」と思って、お客様に対して真摯に向き合っていなかったことが原因だったということでした。
　お客様は「商品がよくない」「接客が悪い」ことで怒っている以上に、ちゃんと向き合おうとしない私に対して怒っていることに気付いたのです。

　実際、ちゃんとお客様の話を聴いてみると、「次も使いたいのに同じことがあったら困る」「こんなサービスを提供していたら、おたくの会社はつぶれますよ」「他の人に同じ思いをさせた

くないから言っている」というお気持ちで私たちの至らない点を教えてくれているお客様が、たくさんいることがわかりました。

クレームは大変有難いものであるということに、初めて気付かされるようになりました。

自分を変えようとすると、気付くことがたくさんあります。相手の価値観も受け入れられるようになります。全てのことに感謝できるようにもなります。クレームの仕事への向き合い方を変えたことで、たくさんのことを学びました。そうすることで、私はお客様の怒りを笑顔に変える対話術を手に入れることができたのです。

さて、この本は『失敗しない！クレーム対応100の法則』というタイトルです。私が自分自身を変えたことで見つけた、お客様の怒りを笑顔に変えるための法則100個をお伝えしています。

目次を見て気になったところから読み始めていただいて結構です。気になった箇所があなたの課題点であり、もっとも早く知りたい答えの部分だと思います。自分なりの読み方で、自分を変えるキッカケを見つけてください。

あなたのクレームに対する価値観が変わり、もっとクレーム対応に取り組みたくなるかもしれません。きっとこの本の内容を試したくなると思います。毎日楽しく上機嫌で仕事をしていくための実用書として、一生あなたの手元に置いていただき、何度も手に取るようにして学んでいただけたらとても嬉しく思います。

失敗しない！クレーム対応100の法則　◎目次

はじめに …………………………………………………………… 3

第1章　クレーム対応ができると、あなたが手にするもの

001 クレーマー社会の仕事術
クレーム対応が得意だと、重宝される人物になる …… 18

002 クレーム対応へのプレッシャーを減らす技術
怒りを笑顔に変える法則は、学んでおくと役に立つ … 20

003 クレームを言うお客様を正しく捉える視点
クレームを言うお客様は、加害者でなく被害者である … 22

004 クレームへのストレスを取り除くポイント
上手なクレーム対応は、癒しの気持ちをもたらす …… 24

005 クレーム対応力を身に付けるメリット①
クレーム対応を経験すると、「大人の教養」が身に付く … 26

006 クレーム対応力を身に付けるメリット②
クレーム対応をすると、傾聴力が身に付いてくる …… 28

第2章　誰も教えてくれない！クレーム対応の心構え

007 クレーム対応に前向きになれる方法①
自分の成長機会と思うと、気持ちが前向きになる …… 32

CONTENTS

008 クレーム対応に前向きになれる方法②
多くのクレームを聴くと、価値観が広がる ……………… 34

009 クレーム対応で感情的にならない方法
"アドバイス"と思えば、クレームを集めたくなる …… 36

010 クレームをありがたく感じる方法
クレームで仕事を見直すと、アイデアが思い浮かぶ …… 38

011 クレーム対応の上達法
ボキャブラリーが増えると、信頼感も高まってくる …… 40

012 クレームを言うお客様の心理
リピーターのお客様こそ、よくクレームを言う ………… 42

013 クレームの新しい常識
売り上げが増えると、クレームも必ず増える …………… 44

014 クレーム対応の最大の効果
**お客様の問題を解決すると、
強い絆をつくることができる** ……………………………… 46

015 クレーム対応で目指すべき姿
対応に満足してもらえると、新たなファンが生まれる … 48

第3章 失敗しない！クレーム対応法

016 クレーム対応力を上げる方法
クレームを言う側になると、やるべきことが見つかる … 52

017 クレーム対応の時間を短くするポイント
**クレームは"処理"ではなく
"対応"することを心掛ける** ………………………………… 54

018	理不尽なクレーマーが誕生するポイント **初期対応に失敗すると、クレームはこじれる** ………… 56
019	「すぐに来い！」と言われたときの対応法 **すぐに行くのではなく、まずお客様の話を聴く** ……… 58
020	お客様を怒らせてしまうNG対応① **なだめようとすると、かえって怒らせてしまう** ……… 60
021	お客様を怒らせてしまうNG対応② **クレームに同調しても、受け止めたことにならない** … 62
022	お客様を怒らせてしまうNG対応③ **急いでいる様子を見せると、相手は不愉快になる** …… 64
023	卑屈にならない方法 **良き理解者になることで、卑屈にならないで済む** …… 66
024	お客様の怒りを鎮める方法 **最初にしっかり謝ることで、 お客様は落ち着きを取り戻す** ………………………… 68
025	初期対応に失敗しない方法① **限定付き謝罪を使うと、対立を対話に変えられる** …… 70
026	初期対応に失敗しない方法② **自分事として話を聴くと、 怒りを和らげることができる** ……………………… 72
027	お客様との距離を近づける方法 **部署と名前を名乗ると、お客様が安心する** …………… 74
028	クレーム対応で効果的な会話法 **傾聴を心掛けると、自分はあまり話さずに済む** ……… 76
029	クレーム対応の主導権を握る方法 **言ったことを全て書き残すと、事実関係でもめなくなる** … 78
030	お客様の"良き理解者"になる方法 **共感のあいづちを使うと、クレームを言いにくくなる** … 80

CONTENTS

031 やってはいけない話の聴き方
すべきは「共感」であり、「賛成」ではない ………… 82

032 お客様に安心してもらう話の聴き方
話すスピードとトーンを、お客様にあわせる ………… 84

033 クレームがきつくなる原因
お客様の正面に立つと、クレームはハードになる …… 86

034 お客様の話で押さえるべきポイント
「何があったのか」把握すると、
誤解が生まれにくくなる ………… 88

035 お客様の言いたいことがわかる効果的な方法
質問を繰り返していくと、お怒りの理由がわかる …… 90

036 解決策を出す際に知っておくべきポイント
「お客様のなりたい姿」は、クレーム解決の鍵になる … 92

037 解決策を伝える前にやるべきこと
お詫びと共感の言葉は、切り返す前に言うと良い …… 94

038 解決策にお客様が聴く耳をもつ方法
肯定の言葉を引き出すと、その後を進めやすくなる …… 96

039 解決策がすぐに出せない場合の対応法
お待たせするときは、具体的な時間を提示する ………… 98

040 解決策提案のNG対応①
たらい回しにすると、お客様の怒りは増大する ………… 100

041 解決策提案のNG対応②
規則を盾に説明すると、かえって反発したくなる …… 102

042 解決策提案のNG対応③
再発防止を約束すると、逆効果に働くこともある …… 104

043 お客様に提示すべき解決策
反省を示すことで、収束できる問題もある ………… 106

044	お客様が解決策を受け入れてくれない理由 **解決策を押し付けると、要望とズレることがある** …… 108
045	クレーム対応のクロージング法 **感謝の言葉で締めると、クレームはアドバイスになる** … 110
046	クレーム対応マニュアルの重要性 **マニュアルがないと、対応を体系化できない** ……… 112

第4章 ワンランクUP！クレーム対応の上級テクニック

047	クレームメールへの返信のポイント **急いで返信すると、誤字を見逃すことがある** ……… 116
048	理解不能なクレームメールへの対応法 **理解不能なメールがきたら、電話対応に切り替える** … 118
049	クレームメールの効果的な返信方法 **名前を文中に何度も入れると、 より心に響きやすくなる** ……………………… 120
050	常連のお客様がクレームを言う理由 **常連客がクレームを言うのは、 長年の貢献を無視されたから** …………………… 122
051	こちらに過失がない場合の対応の注意点 **感情的な対応をすると、 気まずさだけが残ってしまう** …………………… 124
052	何度も同じクレームを言われる場合の対応法 **ポジティブな話をすると、お客様は安心する** ……… 126
053	責任者を出すよう求められたときの対応法 **「上を出せ！」と言われたら、 それには触れずに謝罪する** ……………………… 128

CONTENTS

054 激高されているお客様へのあいづち方法
「心配」「不安」を使うと、
反省の気持ちが伝わりやすい ……………………………… 130

055 言いづらいことを伝えるときの技術
断りの表現で終えずに、謝罪の言葉で締めくくる …… 132

056 お客様に反論するときの切り返し話法
長めのクッション言葉で、
受け入れてもらいやすくなる ……………………………… 134

057 思い込み・勘違いの切り返し話法
指摘後に反省を入れると、恥をかかせずに済む ……… 136

058 過大要求のクレームの対応法
「できること」を提案すると、
お客様との絆を強化できる ………………………………… 138

059 「金返せ！」と言われたときの判断基準
契約通りであるならば、お金を返す必要はない …… 140

060 ゴネるお客様の対応法
ゴネてもムダと気付くと、ゴネるのをやめる ……… 142

061 自分の名前を名乗らないお客様の対応法
匿名のクレームは、対応しなくて良い ………………… 144

062 あなた個人の意見を問われた際の対応法
個人の意見を聞かれても、組織の代表として対応する … 146

063 何度もしつこく同じ話をしてくる人の対応法
すでに受けたクレームは、時間の無駄なので打ち切る … 148

064 相手先にうかがう際のアポの取り方の注意点
日程を複数あげてもらえば、
不都合を詫びるリスクが減る ……………………………… 150

065 大声を出す人のクレームの対応法
恐怖を感じてしまったら、「怖いです」と言っても良い … 152

066 悪質クレーマーの定義と対応法①
暴言を吐くクレーマーは、毅然として対応を打ち切る……154

067 悪質クレーマーの定義と対応法②
無理難題を要求されたら、「警察に連絡する」と伝える……156

068 警察に相談することの意義
警察にすぐ連絡することは、従業員保護のため必須である……158

069 悪質クレーマーに追い込まれる人の特徴
クレームを抱え込む人は、悪質クレーマーに狙われる……160

070 電話の録音を嫌がるお客様への対応法
サービス向上のためと言うと、録音の了承を得やすくなる……162

071 他のお客様がいるときの注意点
居座られることもあるので、別室には通さないようにする……164

072 先輩や上司に対応を依頼した場合の対応法
自分がしたミスの場合は、引き続き同席したほうが良い……166

073 「ネットに書き込むぞ」というクレームの恐怖
お客様を突き放すと、本当に書き込まれてしまう……168

074 シニア世代のお客様の対応法
「敬意」と「感謝」を示すと、逆に味方になってくれる……170

075 完全にこちらのミスでクレームを受けた場合
保身で対応が遅れると、もっと大きな問題になる……172

076 クレーム客をファンに変える魔法の質問
対応を終えるときに、前向きな質問をしてみる……174

077 クレームを受けても落ち込まない方法
面白く話す練習をすると、楽しいことに思えてくる……176

第5章 クレームに強い組織の共通点

078 サイレントクレーマーをつくらない方法
クレームを言いやすくして、改善点を集めるようにする ⋯180

079 SNSに悪い書き込みをされた場合の留意点
投稿を削除しようとすると、炎上の原因になってしまう ⋯182

080 SNSを利用してサービスを改善する方法
SNSの"＃クレーム"は、やるべきことを教えてくれる ⋯184

081 従業員がクレーム対応に前向きになる方法①
よく起きるクレームは、分類して把握しておく ⋯186

082 従業員がクレーム対応に前向きになる方法②
**上位3つのマニュアル化で、
クレームの大半をカバーできる** ⋯188

083 従業員がクレーム対応に前向きになる方法③
現場に権限をもたせると、クレーム対応が早くなる ⋯190

084 効果的なアフターフォローの方法①
お詫びの品を送るときは、対応を終えてからがベスト ⋯192

085 効果的なアフターフォローの方法②
**お詫びの手紙を出すときは、
管理職の名前で出すと良い** ⋯194

086 効果的なアフターフォローの方法③
**クレーム対応のフォローには、
顧客満足度アンケートを取る** ⋯196

087 クレーム対応時間の考え方
**対応時間に上限を設けると、
お客様の時間も奪わずにすむ** ⋯198

088 部下からクレーム対応を引き継ぐ際の注意点
メモを取らなかった部下は、事実を曲げることもある … 200

089 組織としてクレーム対応力を上げる方法
クレーム内容を共有すると、組織の対応力は向上する … 202

090 クレームから売上げを増やす方法
失敗を数値化すると、売り上げが増えていく … 204

最終章 クレームを起こさない人の仕事の習慣

091 効率だけを重視することの問題点
仕事の効率だけ意識すると、お客様が見えなくなる … 208

092 クレームを起こさない人になるためのヒント
受けて良かったサービスを、採用するとお客様は喜ぶ … 210

093 ファンをつくる接客方法①
サービスの価値を高めると、値引き以上の効果が得られる … 212

094 ファンをつくる接客方法②
お客様をわかろうとすると、お金をかけず特別扱いできる … 214

095 お客様を笑顔にする効果的な対話術
商品の長所を伝えるのは、短所を伝えた後にする … 216

096 お客様から信頼を得る仕事術
クレーム内容を公開すると、お客様からの信頼度が上がる … 218

097 お客様から評価される仕事術
短所を長所に読み替えると、仕事に共感する人が出てくる … 220

098 クレームをクレームで終わらせない方法
クレームを前向きに捉えると、サービスを増やせる ···· 222

099 クレームを起こさないための上司の仕事術
自分の部下を笑顔にすると、クレームは激減する ····· 224

100 クレームに無縁な人の仕事術
仕事を心から楽しむと、笑顔になってクレームが減る ··· 226

おわりに ·· 228

第1章

クレーム対応ができると、あなたが手にするもの

001 クレーマー社会の仕事術

クレーム対応が得意だと、重宝される人物になる

　お客様が大声で怒鳴ってきた……怖い。私のせいではないのに……あ〜どうしよう……。

　これが誰もがイメージするクレームを言われた場面の心情ではないでしょうか。

　「クレームが怖い」と言う人には、共通点があります。それは、クレーム対応のやり方を知らないということです。または過去にクレームを言われてうまくいかなかったのに、そのまま放置してクレーム対応のやり方を学ぼうとしなかった人です。

　クレーム対応に対してどうしたら良いのかがわからないから、恐怖心をもってしまうのです。

　新入社員研修で、社会人に必要な言葉づかいや電話対応の受け方を教えて、さらにクレーム対応研修を導入している企業は、ほとんどありません。

　クレームには、ケースバイケースで対処すれば良いと考えて、研修メニューに入れないのです。教育する環境を用意していないところが大半です。

クレームが多い企業は従業員の離職率が高いと言われていますが、それは正確ではありません。クレームが多いから人がやめるのではなく、クレーム対応のやり方を知らないことが一番の原因なのです。

クレーム対応を学ぶ機会がなかったことで、現場でクレーム対応がうまくできず、トラウマになって逃げるように仕事をやめていくのです。

クレーム対応のやり方をしっかりと学んでおけば、クレームは怖くなくなります。 体系的に学んでおくことによって逃げることなく、前向きに取り組めるようになります。一度手に入れれば一生使えるビジネスコミュニケーションとして、あなたの武器にもなるのです。

そして、クレーム対応力を身に付けると、もうひとつ大きなメリットがあります。それは、人が嫌がる、やりたくない仕事No.1のクレーム対応のスキルを身に付けることで、どこの企業でも重宝される人財になることができるということです。ビジネスパーソンとしてレアな存在になることができるのです。

クレームの心理
クレームが怖いのは、クレーム対応のやり方を知らないからである。

具体的行動
自らの人材価値を高めるためにも、人が嫌がるクレーム対応の技術を習得することを意識しよう。

002 クレーム対応へのプレッシャーを減らす技術

怒りを笑顔に変える法則は、学んでおくと役に立つ

　AI（人口知能）やロボットの発達で人間の仕事や雇用がなくなっていくというニュースをよく見るようになりました。しかし、クレーム対応だけはロボットがやるわけにはいきません。
　ロボットは文句を言わず働くことはできますが、文句を言うお客様とわかりあうことは難しいからです。怒ってしまったお客様を笑顔に変えることは、人間にしかできないと思います。

　これからの時代は、ロボットにはできないクレーム対応をしっかりできる人だけが、楽しく仕事ができる社会になっていきます。
　クレームが発生することを恐れていると、思い切った仕事ができなくなりますが、クレーム対応を学んで法則を習得していると、クレーム対応へのプレッシャーを感じずに毎日笑顔で、心にゆとりをもって仕事をすることができます。

　クレーム対応は、我慢すればいいという受け身のものではなく、しっかりとクレームを受け止めて、対応する必要があると覚えるようにしてください。そうすれば、お客様の気持ちがわかるようになり、お客様も安心して必要以上に怒ることもなくなりま

す。

　世の中にはいろんなことを言ってくるお客様がいます。先日、コンビニのオーナーさんが受けたクレームに、「最近のコンビニ弁当が美味しくなりすぎて、妻の飯がまずく感じる！」というものが、あったそうです（笑）。

　どうですか？　あなたならどう切り返しますか？

　「そんなクレーム、いちいち相手になんかしていられません」と腹を立てるかもしれませんが、実際に対応したこのコンビニのオーナーはこう切り返しました。

　「そうでしたか。お気持ち、よくわかりました。でも、このお客様の声をコンビニ本部にお伝えすると凄く喜ぶと思います。ご指摘ありがとうございます！」と対応されたそうです。

　そのお客様は「ウチの妻に料理の手を抜くな！　と言っておくよ」と、笑いながら帰って行ったそうです。

　このオーナーはクレーム対応の法則である「**しっかり受け止める**」ことができたからこそ、成立したお客様とのやりとりでした。

クレームの心理
　クレームを言う人は、ロボットにではなく人に対して何かを言いたいのである。

具体的行動
　お客様の怒りを笑顔に変えるために、クレームをしっかり受け止めよう。

003 クレームを言うお客様を正しく捉える視点

クレームを言うお客様は、加害者でなく被害者である

　「クレームを受けると、心も体もすり減らされたようになり、フラフラになります。その後、仕事ができなくなります」という、ご相談をよく受けます。
　それに対しては、「クレームを受けて落ち込んでいてはいけません。これほど無駄な時間はない」と、お伝えするようにしています。

　クレームを受けて心と体をすり減らしてしまう大きな原因は、対応者が自分のことを"被害者だ"と思っているからです。「私は何も悪くないのに、なぜ私が文句を言われないといけないの」と、怒っているのです。お客様を悪者にして自分がヒドイ仕打ちを受けた被害者だという気持ちになっているのです。

　気付いてもらいたいのは、**クレーム対応の現場では被害者はお客様の方である**ということです。
　お客様はわざわざクレームを言いたかったわけではありません。対応者のあなたに怒りをぶつけたかったわけではありません。ちゃんとしたサービスを受けたいと思っていたのです。サービスを利用したいと思っていたのに、それが叶わず悲しんでいるのです。

スマホが故障したことでお怒りのお客様はあなたに文句を言っているのではありません。スマホが使えないことで、友達とLINEで連絡が取れなくて困っているのです。何とかして欲しいのです。コンビニでお弁当を買いたかったのにスマホの電子マネーが利用できず、途方に暮れているのかもしれません。

　お客様は何かトラブルを抱えているからクレームを言っているということに気付けないと、対応者は一方的に怒りの感情をぶつけられ、理不尽なことを言われ続けたと考えてしまうのです。
　これではクレームを受けるたびに心と体をすり減らしてしまいます。

　クレームへの認識を一瞬で変えられる考え方として、「クレーム対応は人助けだ！」と、私はお伝えしています。人助けだと考えると目の前の困っているお客様のために自分が今何かできることがないだろうかと考えるようになります。何だか勇気が湧いてくるのです。親身になってお客様の気持ちに寄り添えるようになれるのです。

　クレームの心理
　お客様は「困っていることをわかって欲しい」からクレームを言うのである。

　具体的行動
　ここは自分の出番だと考えて、お客様を救うことに全力を尽くせば心をすり減らすことはない。

004 クレームへのストレスを取り除くポイント

上手なクレーム対応は、癒しの気持ちをもたらす

　クレーム対応にストレスを感じると言う人の共通点として、クレームを言う人は、全て悪質クレーマーだという間違った認識をもっていることが挙げられると思います。

　これは、テレビやネットでの悪質クレーマーのニュースを鵜呑みにしすぎです。そういう認識ではクレーマーがうちの店にも現れたと考え、隙を見せてはならないと身構えてしまうのです。
　土下座を要求したり、金銭を奪い取ろうとしたりするクレーマーは100回クレームを受けたら、1回あるかどうかです。

　ここで、読者のあなたに質問があります。
　クレーム対応の最大の目的は、一体何だと思いますか？？

　この質問に対する私の答えは、「**お客様と仲良くなること**」です。クレームを言う人＝悪質クレーマーの図式は、この本との出会いを良いキッカケにして考え方を書き換えるようにしていただきたいのです。
　クレーム対応の要諦は、お客様を論破して言い負かそうとする

ことではなく、お客様と心を通わそうとすることなのです。距離を縮めようとすることなのです。

　クレームの内容を聴いてみて、もしこちらがお客様にご迷惑をおかけしてしまっていたのなら、リカバリーするためにはどうすれば良いのかを一生懸命考えて行動に移すのです。

　クレーム現場に携わる仕事をしているベテラン対応者が口を揃えて言うことがあります。
　それは、「クレーム対応がうまくいき、お客様と心が繋がったとき、良好な人間関係を築けたときは快感に近い感情になれる」ということです。
　私、谷厚志がクレーム対応を上手にできるようになりたいと考えるようになったのは、お客様からの「最後まで逃げずに、私の話を聴いてくれてありがとう」という一言がきっかけでした。心の底から嬉しかった気持ちをいまだに忘れられません。
　最初は大きな問題だと思ったクレームを乗り越えられたときの充実感と癒しの気持ちを、是非あなたにも経験していただければと思います。

　クレームの心理
　クレームを言ってくるお客様は、クレーマーだとは思われたくない。

　具体的行動
　お客様と仲良くなるために、クレームを言う人は悪人だという認識は今日から捨てよう。

005 クレーム対応力を身に付けるメリット①

クレーム対応を経験すると、「大人の教養」が身に付く

　私自身、クレーム対応ができるようになって、手に入れたもののひとつに、人の痛みや相手の気持ちを理解しようとする気持ちが強くなったということがあると思っています。

　クレームを言うお客様にはそれぞれご事情があり、残念ながらこちらの言い分や説明にスグには納得いただけないこともあります。でもここであきらめることなく、お客様の気持ちに寄り添い丁寧に接し続けることで、お客様の心が少しずつ開くようになり、最終的には、クレームを言われる前よりもずっと私たちのことを信頼していただくようになる経験をたくさんしてきました。

　クレーム対応は、"「大人の教養」が身に付く価値ある仕事"なのです。「大人の教養」とは、「相手の立場に立って考えられる力」のことだと私は考えます。
　これは、クレーム対応に限らず、仕事をする上で本質の部分でもあります。

　クレーム対応をするときに、「早く終わりたい」「この状況から

逃れたい」と自分のことだけ考えると、それがお客様にも伝わり、さらにお客様を怒らせてしまいます。

　たとえば、営業マンにはクレームになるトラブルを抱えてしまったにもかかわらず上司に報告をせず、自分だけで解決しようとする人がいます。

　こういう人は、「クレームを起こしてカッコ悪い」「上司にも怒られたくない」と自分のことだけを考え、お客様に立場に立って考える思考が欠如しているのです。

　最終的には自分だけではどうにもならずに、お客様からのクレームが上司に直接入り、お客様からも上司からも信頼を失ってしまう最悪の結果になるのは、容易に想像できると思います。

　お客様の立場に立とうとすると、クレームになった問題は自分とお客様との共通の問題となります。自分事として捉えることで、お客様とパートナー関係を築くことができます。お客様も「この人は私の味方だ」と考えるようになり、必要以上に怒ったり、理不尽なことを言ったりするようなこともなくなります。

クレームの心理
　自分のことだけ考えてクレーム対応すると、お客様はそれを見抜く。

具体的行動
　お客様と良い関係を築けるようになるために、お客様と同じ立場に立つことを心掛けよう。

006 クレーム対応力を身に付けるメリット②

クレーム対応をすると、傾聴力が身に付いてくる

　お客様相談室に配属される前の私は、人の話が聴けない人間でした。

　周囲の人から否定されることを恐れていたのだと思いますが、自分が思ったことをどんどん口に出して、自分の考えを押し付けて説得しようとするコミュニケーションの取り方をしていました。

　その後、お客様相談室に配属されて、クレーム対応の現場で私がお客様からもっとも多く言われたセリフは、「あなたは何もわかっていない」「話をちゃんと聴け！」でした。
　さすがにどのお客様にも何度も同じことを言われるので、口を挟まずに話を聴くようにしました。「どうやって解決してやろうか」などと考えずに、全て受け入れるようにしました。
　そこで気付いたのは、**お客様は"クレームを言うことを怖がっていた"**ということでした。

「クレーマー扱いされないだろうか」
「クレームを言って、反論されたらもっと嫌な気持ちになるかも」

「クレームを言ったけど、自分の勘違いだったらどうしよう」

　直接の言葉としては出てこないのですが、こういう不安な気持ちを抱えながらクレームを言ってこられているということです。全てを受け入れて話を聴くことができた後、自分の口から自然と出た、お客様に投げかけた言葉は、「そうでしたか。お話、よく理解することができました。いかにお怒りであるかもとてもわかりました」でした。

　この私の言葉を耳にしたお客様は安心され「わかってくれたらそれでいいです。次も使いますから同じことがないようにしてください」と言って電話を切られました。そして次回は笑いながらお客様とお話できるようにもなりました。

　コミュニケーションとは、相手の話を聴くこと、お客様の気持ちに理解を示すことだということです。 この意識を常にもち続けることができるようになると、あなたのコミュニケーション力は飛躍的に向上します。すると職場やプライベートの日常の人間関係に悩むことも少なくなるでしょう。

クレームの心理
　お客様はクレームを言うこと自体を、恐れている。

具体的行動
　クレーム対応も日常生活もうまくいくようになるために、話を聴く力を身に付けよう。

第2章

誰も教えてくれない！
クレーム対応の心構え

007　クレーム対応に前向きなれる方法①

自分の成長機会と思うと、気持ちが前向きになる

　企業やお店に入るクレームの数は、この10年で10倍以上になりました（＊著者調べのデータです）。

　同じサービスを提供しても喜んでくれるお客様と怒るクレーマーがいます。

　ドーナツを食べて「美味しかった！」と満足する人がいれば、一方で「何で穴が空いてるねん。損したわ！」とイラつく人がいる世の中なのです（笑）。

　そうです。仕事をしていく上で、クレームは避けて通れないものになりました。逃げられないなら思い切って抱きしめてしまうぐらいの気持ちをもつ必要があると、私は考えています。

　私のクレーム対応の講演・研修では、クレームに対して「逃げるな！　気合を入れろ！」とは、お伝えしていません。

　「緊張して震えながらでも良いので、一歩前へお客様の方に歩みよってください」とお伝えしています。

　では、お客様の方に一歩前へ足を進めるにはどうすればできるようになるのか？

　これに対しての私の答えは「『これはオイシイ場面だ！』と考

えるようにしてください」とお伝えしています。

　雑誌でのコラム執筆をするためにさまざまな業種の方とクレームに関する取材機会をいただきました。たくさんの方からお話を聴いてわかったことがあります。それは、過去の私のように「クレーム対応は苦手でやりたくない」と後ろ向きな気持ちでいる方がいる一方で「クレームをいただかないと自分たちのどこがダメかがわからない」、「クレームはうちの商品が好きな人しか言いません」と前向きに捉えている方がいるということでした。

　ある経営者は、「クレーム対応という避けられない問題を乗り越える度に、人は一気に成長していく」と断言をされていました。

　「クレームは嫌なもの」ではなく、**「クレームはオイシイ」**と考えている人は、世の中にたくさんいるということです。クレーム対応を自分が成長する最高の機会と捉えてみてはどうでしょうか。成長の機会と考えられるようになれば、ストレスにも感じにくくなるのです。

クレームの心理
　自分たちの組織の欠点は、人から指摘されることでより明確になる。

具体的行動
　クレーム対応を情報収集ができる「オイシイ場面」と考えてみよう。

008 クレーム対応に前向きになれる方法②

多くのクレームを聴くと、価値観が広がる

　クレーム対応の仕事に携わることで、一番良かったと思っていることに、自分の価値観が大きく広がったということがあります。

　世の中、さまざまな考え方をもった人がいます。最近のクレームは、ちょっと驚いてしまうようなものも増えてきています。
　以前、ご相談を受けたもので、映画館で上映終了後に「一番前の席に座ったのだけど、映画が見づらかったので、お金を返して欲しい！」というクレームがありました。

　読者のあなたは「そんなクレームありえない！　完全に悪質クレーマーだ」と思うかもしれません。でも、私はそう考えないようにしています。「面白い世の中になった」と笑うようにしています。なぜ、そうするのか。それは**嫌な世の中になったとイライラしている時間が無駄だと考えているからです。**
　人の行動や言動に腹を立て、イライラした感情をもつ人の特徴として、自分の価値観でしか物事を捉えられない傾向があると思います。「私だったらそんなのありえない」と腹を立てています。でも「そう考える人もいるのか」「これは自分にはない考え

だ」と自分の価値観を広げ、相手の考えを受け入れるようにすると、案外イライラすることはなくなるものです。

　実際には、先ほどのクレームの相談を受けたのは映画館の責任者だったのですが、笑いながらその話をしてくださいました。では、その場でこの責任者はどう対応したと思いますか？

　このクレームへの切り返しの対応はこうでした。
「そうでしたか！　一番前は見づらかったのですね。楽しみにされていたのに、ご期待に添えず申し訳ありません」と謝罪の言葉を伝えた後、「実は、最近は事前にネットでも好きな席を選べるようになっていますので、是非今度はそちらのサービスを試してみてください」と次回利用のための提案をしたそうです。

　お客様は自分の考えを受け入れてもらえたことに満足したようで、「次回はそうするようにします」とだけ言って何事もなかったようにお帰りになられたようです。

クレームの心理
　価値観の幅が広がると、多少変わったクレームを言われたくらいでは驚かなくなる。

具体的行動
　相手の価値観を尊重し「そこまで考えが及ばなかった」と考えて対応しよう。

009 クレーム対応で感情的にならない方法

"アドバイス"と思えば、クレームを集めたくなる

「クレームのなかに、仕事の改善のヒントがある」、これはクレーム対応をやる上で、知っておいて損のない考え方です。

お客様からのクレームを受けると嫌な気持ちになるかもしれません。自分たちは一生懸命になって仕事をしているのにという気持ちが強いと、悔しい気持ちにさえなることもあるでしょう。

でも一方で**クレームは、"お客様からのアドバイス"である**という考え方をもつことはできないでしょうか。
クレームを、お客様が望んでいることが視覚化され、自分たちの仕事を改善するヒントだと考えるようにするのです。
お客様からの評判が良く、儲かっている会社の特徴のひとつとして、クレームから学び、仕事のやり方をどんどん変えていくことができるということがあるように思います。

自分たちの会社やお店でよく発生するクレームがあるようでしたら、「またこのクレームか……」と落ち込むのではなく、お客様からのご意見・ご要望があったと考え、同じクレームを起こさ

ないようにしていけば良いのです。

　私が思う、日本で一番クレーム対応の考えが素晴らしい企業のひとつに、カルビー㈱があります。
　ロングセラー商品「かっぱえびせん」に対して入った意見・要望に「しょっぱく感じる」「塩分が多すぎる」というものがあったそうです。カルビーはこれをお客様からのアドバイスと捉え、「減塩のかっぱえびせんを販売してはどうだろうか」と考え、すぐにプロジェクトを立ち上げて、試作品をつくりました。そして実際に「しょっぱく感じる」とご意見をいただいたお客様に試作品とアンケートを送りご意見をうかがいました。その数か月後には、「かっぱえびせん 塩分50％カット」として全国発売を開始するという見事な仕事ぶりをやってのけました。

　クレームをアドバイスにした良い事例だと思います。クレームを出した立場から考えれば、「私の意見が採用された！」と嬉しくなります。周りにも自慢をして商品の宣伝もしたくなります。

＊参考図書　『カルビーお客様相談室：クレーム客をファンに変える仕組み』（カルビーお客様相談室著、2017年、日本実業出版社）

クレームの心理
　クレームと捉えるか、意見・要望と捉えるかで向き合い方が変わる。
具体的行動
　クレームを学びに変えて、仕事のやり方を変えてお客様を笑顔にしよう。

010 クレームをありがたく感じる方法

クレームで仕事を見直すと、アイデアが思い浮かぶ

　私は、クレームは「健康診断の結果と同じ」だと考えています。クレームが発生した時点で異常数値を示している可能性があり、仕事の習慣を変えるきっかけにしないと大病を患う可能性があると思っています。

　仕事のやり方や習慣を変えようとすると、**クレームからお客様が喜ぶ新しいサービスを思いつく**ことも実は少なくありません。

　居酒屋の話です。グルメサイトのクチコミ掲示板に「ラストオーダーから閉店間際の接客が雑で気分が悪い！」という投稿が数回書き込まれたことがありました。

　このネガティブな書き込みに対してお店のご主人は、悔しい気持ち以上に、お越しいただいたお客様に申し訳ないことをしたという気持ちでいっぱいになったそうです。

　同じことを起こしてはならないと考えたご主人が最初にしたことは、今まで当たり前のようにしていたラストオーダー終了後の厨房の床掃除やレジ締め作業を一切やめるよう店舗スタッフに指示し、ゆっくり過ごしていただけるような雰囲気づくりを徹底した

ことでした。
　ここまでは誰もが思いつくことかもしれません。このお店のご主人が素晴らしかったのはここからでした。

　閉店30分前から自ら店の入り口付近に立ち、ラストオーダーギリギリに入店してくるお客様にこう質問するようにしました。
「軽く１杯だけ飲みたいっていう感じですか、ガッツリ食べたい気分ですか？」
　この質問に対して、「あと１杯だけ飲みたい」というお客様には「上のフロアにあるバーはあと２時間はやっているのでウチより落ち着いて飲める」と提案し、「ガッツリ食べたい」というお客様には、「朝までやっていて焼き鳥が美味しい居酒屋があります」と紹介するようにしました。
　良い情報を教えてもらったとお客様から喜ばれ、紹介されたバーと居酒屋のスタッフからも大変感謝されたようです。
　ここだけに終わらず、お客様はこれがキッカケでご主人目当てに通う常連客になり、紹介したバーと居酒屋からは逆にお客様を紹介されることも増えたのでした。

クレームの心理
　人は、仕事の悪い習慣にこそクレームを言いたくなる。

具体的行動
　新しいサービスをつくるためにも、クレームを上手に生かそう。

011　クレーム対応の上達法

ボキャブラリーが増えると、信頼感も高まってくる

　クレーム対応がうまい人とそうでない人を簡単に見極めることができる質問があります。
　それは、「**お詫びの言葉、何個言えますか？**」です。

　クレーム対応の上級者は20個以上のお詫びの言葉はスッと答えられます。クレーム対応初心者は「申し訳ありません」「大変申し訳ございません」の２つぐらいしか出てきません（笑）。

　残念ながら、クレーム対応では語彙力をもちあわせていないとお客様の怒りを笑顔に変えることはできません。
　お客様が悲しんでいらっしゃる気持ちに寄り添うことができても、こちらが声をかけるべき言葉を口に出さないとお客様には伝わらないのです。
　「この現場の責任者は私です！」とカッコ良く登場したところで、「申し訳ございません」しか頭に浮かばず、何度も同じ言葉を繰り返している現場を山ほど見てきました。その後、決まってお客様から「あなたではダメ！　上の人に代わってちょうだい！」と言われる典型的なパターンです。

ではクレーム対応にはどんなボキャブラリーが必要なのか。最低限使えるようになっていただきたいものをご用意しました。

■**お詫びの言葉**
「お詫び申し上げます」「お手数をおかけしました」
「心苦しい限りです」「ご不便をおかけしました」
「大変失礼しました」「お恥ずかしい限りです」
「反省するばかりです」「至りませんで……」
「そこまで考えが及びませんでした」
「お詫びの言葉もございません」
「弁解の余地もございません」「肝に銘じてまいります」

クレーム対応を学ぶことはある意味、語学学習と似ている部分があります。言葉をどれだけしっているのかということが、クレーム対応の成否を決める要素があると考え、自分の言葉として口から出るよう準備をしておきましょう。

クレームの心理
お客様は、お詫びの語彙が豊富な人の方が誠実だと思うものである。

具体的行動
いつでも反応できるように、クレーム対応のボキャブラリーは日頃から意識しておこう。

012 クレームを言うお客様の心理

リピーターのお客様こそ、よくクレームを言う

　皆さんの会社やお店で、毎回文句を言ってくる長年の取引先や常連のお客様が一人ぐらいはいませんか？

　「そんな文句ばかり言うなら他のお店を使えばいいのに……」と、思うかもしれませんが、これはクレームを言うお客様の心理を理解できていないことのあらわれです。

　クレームをもっとも言うお客様は、新規のお客様ではなく、リピーターのお客様たちです。
　なぜならリピーターのお客様は「次も利用したい」「良くなってもらいたい」からクレームを言ってくるのです。
　クレームを言われているうちは、「また使いたい」と思ってくれているので大丈夫なのですが、クレームを何度言っても改善されない、私の話をアドバイスとして受け止めていないと思うと、そのお客様はクレームを言わずに黙って去ります。そしてもう現れなくなくなります。
　「あのクレームばかり言うお客さんがいなくなって良かった」と思っているのは大きな間違いです。直接、クレームを言われな

くて済むかもしれませんが、そのお客様は、自分の周りにあなたの会社・お店の悪口を言いふらしてまわります。これを、サイレントクレーマー（直接的に物を言わないクレーマー）と言います。

　こうなると、悪いクチコミを止めるのは難しくなります。最近であれば、SNSで悪口を書かれて拡散されてしまう可能性も出てくるでしょう。
　ちなみにツイッターで「**#（ハッシュタグ）クレーム**」で検索をしてみてください。会社名だけでなく、店舗の場所や対応者の名前まで公開されています。

　知らぬ間に自分たちの評価やブランドが失墜する恐れがあるということです。ではどうすれば良いのか？
　クレームを言われたら、"また使ってもらえるかどうかの瀬戸際"であると考えてお客様と向き合う必要があるということです。お客様を繋ぎとめる"最後の大チャンス"と考えて、前向きにクレーム対応する必要があります。

クレームの心理
　クレームは一見、恐ろしい顔をしているがその中身は愛で溢れている。

具体的行動
　クレームをよく言うリピーターに対してこそ、しっかり向き合うことでファンに変えよう。

013 クレームの新しい常識

売り上げが増えると、クレームも必ず増える

　美容室のオーナーさんから「2店舗目を出すとクレームが増えるのではないか心配です」と相談されたことがありました。
　それに対して私は「お店が増えてお客様も増えれば、それに比例してクレームも増えるほうが健全です」とお伝えしました。

　儲かっている企業やお店はクレームが多くなります。お客様が増えたのにクレームがないのは、お客様が満足しているのではなくて、不満があったのにその場では我慢してしまい、次回は他のお店に移ってしまう可能性が高いということです。ひょっとしてクレームを言いにくい雰囲気がお店にあったのかもと、そちらの可能性を心配してしまいます。

　お客様が10人増えれば、お客様からの"10人分の期待"が増えているのです。
　美容室であればお客様の期待として、「自分に合うすごい髪型の提案をして欲しい」と考える人がいれば、「美容師との会話を楽しみ、リラックスしたい」と考えるお客様もいるでしょう。
　この部分の期待が満たされないとお客様は不満をもちます。も

しクレームを言っていただいたのであれば、お客様の話をしっかり受け止め、次回から期待に添えるように接客のやり方を変えてサービス向上に繋げていけば良いのです。

　以前、講演でうかがった製品メーカーの広報担当の方から聞いた話です。
　商品の品質にはこだわりをもって徹底管理をしているそうですが、残念なことに1,000台つくると1台のペースで不具合が出る商品ができてしまうということでした。つまり出荷数が増えれば増えるほど、不良商品をお客様に届けてしまうのが最大の悩みでした。
　では、この製品メーカーではこれに対してどんな対策を講じているのか？　それは、不具合の商品を出さないように技術向上させると同時に、クレームが来ることを前提にして徹底的にクレーム対応を社内で勉強しているということでした。全員が同じレベルでクレーム対応できるようにし、クレーム対応というアフターサービスを充実させることで、お客様の信頼を勝ち得るという方法を展開しているのでした。

クレームの心理
　クレームがないということは、不満がないのではなくて不満を言いにくいだけの可能性がある。

具体的行動
　クレームは起こることを前提にし、お客様の信頼を勝ち得るために準備しておこう。

014　クレーム対応の最大の効果

お客様の問題を解決すると、強い絆をつくることができる

　日本社会では、まだまだクレームに対しては前向きな考えをもっている人は少なく、「クレームを起こしてはならない」と考えられています。
　クレームを起こしてはならないと考えて仕事をしていると、クレームが発生したときにクレームを隠そうとしてしまいます。
　クレームが起きたこと自体が悪いのではなく、隠そうとすることのほうが大きな問題だと認識するようにしてください。

　どんなに接客レベルを上げても、クレームは発生します。クレームがなくなることはないと考えて、クレームが起きたときはどんな対応を心掛けるべきかを意識していただきたいのです。

　ところで、クレーム対応がもたらす効果にはどんなものがあるでしょうか。最大の効果はクレームがきっかけでお客様と強い絆をつくることができるということです。
　クレームが発生したときにやりがちなNG対応のひとつに、怒りまくっているお客様に対して、謝り倒す人がいます（笑）。

印刷会社の話です。化粧品会社から依頼を受けてチラシを印刷したところ色味が明らかに違い、女性モデルの顔がゾンビみたいに青白い色になっていたのにそのまま納品してしまい、大クレームに発展したことがありました。化粧品会社にいち早くかけつけた営業担当者は、それしか方法がないと思ったのか、土下座をするぐらいの勢いで謝り倒しました。

　これはクレーム対応の本質からズレてしまっています。

　お客様は確かに"怒っている"のかもしれませんが、それ以上にこんなチラシは配布できないと**"お困りである"**ということに気付けていません。やるべきことは謝り倒すのでなくて、お客様の希望する色味に変更して、配布予定日に間に合わせることです。

　そこが理解できていると、お客様の問題を解決するために自分たちがやるべきことが明確になります。**クレームが起きてもしっかりリカバリーすることができると、失いかけた信用を回復することができるのです。**お客様からは、最初はクレームを言ったけど、ちゃんと対応してくれたと感謝されることもあるでしょう。クレームを言う前より信頼してくれるようになるものです。

クレームの心理
　人がクレームを言うときは、困っているときである。

具体的行動
　問題解決には謝り倒すのではなく、どんなリカバリーができるかを考えよう。

015 クレーム対応で目指すべき姿

対応に満足してもらえると、新たなファンが生まれる

　さまざまな企業や店舗からクレーム対応マニュアルの監修依頼を受けてきました。私が見る限り、危機管理マニュアルという内容になっており、「クレーマー撃退マニュアル」であるのがほとんどでした（涙）。

　要求が理不尽で話の通じないクレーマーがいること自体は否定しません。でもそんな一部のクレーマーとちゃんとしたお客様を一緒に考えないようにしたほうが良いと思います。
　クレームを言うお客様と向き合う方法についての対応マニュアルを整備しておく方が、はるかに仕事が楽しくなります。

　そもそも仕事の本質は、人の役に立つことです。お客様の困っている問題を解決して、喜んでもらうことです。
　クレーム対応の目指すべきゴールは「言って良かった」「わかってもらえた」「助かった」とお客様に思ってもらうことだと、私は考えます。

　契約して到着したばかりのプリンターが起動せず、怒りまくっ

て電話してきたお客様に「電話では原因はわかりませんので一度修理センターで回収させてください」とその場を収めようとする対応と「そうでしたか。お仕事に支障をきたしますよね。申し訳ございません。原因が何かお調べしますので詳しく状況を聴かせてください」と伝えるのは同じ問題解決するにしても、お客様が受ける印象は大きく変わってきます。

さらに電話で起動しない原因がわかり、無事にプリンターが使えるようになったときには、お客様との一体感が生まれます。

「使えるようになりました。ありがとう！ ホント助かりました！」と、ご不便をおかけしたのはこちらの商品にもかかわらず、お客様からえらく喜ばれることもあるのではないでしょうか。

大きなクレームであっても同じ問題を抱えたパートナーとして、解決という最終目標に向かって二人三脚のように進んでいくことが大切です。クレームやトラブルを乗り超えることで、お客様がファンになってくれ、何年もご利用いただくロイヤルカスタマーになっていただけるキッカケとなるものです。

クレームの心理
マイナス印象から始まってプラスに変わると、より強い信頼が生まれる。

具体的行動
クレーム客をファンにするために、パートナーとして「ちゃんと対応してくれた」と思われるように対応しよう。

第3章

失敗しない！
クレーム対応法

016 クレーム対応力を上げる方法

クレームを言う側になると、やるべきことが見つかる

　クレームへの対応を一刻でも早くうまくなりたい、お客様の怒りを笑顔に変えられるようになりという方、とっておきの方法があります。
　それは、「**自分がクレームを言う立場だったら、どうしてもらうと嬉しいか**」を考えてみることです。

　私のクレーム対応研修では必ず最初に「自分の会社・お店にクレームを言った場合、どう対応してもらうと、次も利用するようになりますか？　箇条書きにして挙げてみてください」と受講者の方に問いかけ、考えていただくワークから始めます。そうすると面白いことに業界を問わず、全く同じ回答がでてきます。

・最初にしっかり謝罪をして欲しい。
・言い訳も否定もせず、ちゃんと話を聴いて欲しい。
・私が今、何に困っているかを理解して欲しい。
・迅速に対応して欲しい。
・解決して欲しい。良い提案をしてもらいたい。
・できることとできないことをハッキリさせて欲しい。

・事務的な対応をしないで欲しい。
・クレーマー扱いしないで欲しい。

　実は、一般企業やお店だけでなく、病院や学校関係者、市役所・区役所の職員へのクレーム対応研修でも同じ回答が出てきます。

　ここにクレーム対応のやり方の「答え」があります。
　クレーム対応を難しく考える必要はありません。クレームに対応する立場からクレームを言う立場になって考えてみると、自ずとやるべきことが見つかるということです。
　すでにクレーム対応の答えを誰もがもっているのです。あとは実践するだけで良いのです。

　対応者側の考えをやめてお客様側に立つと見えることがたくさんあります。これが"お客様視点"です。お客様視点とは、お客様の横に立って同じ方向を見るということです。自分がされて嫌だと思うことはやらない、という意識をもつようにしてください。

クレームの心理
　自分がクレーマーになってみると、クレーマーの心理がよくわかる。

具体的行動
　お客様はどう対応してもらうと嬉しいのか、常に意識するようにしよう。

017　クレーム対応の時間を短くするポイント

クレームは"処理"ではなく"対応"することを心掛ける

　クレームに対して「処理する」という表現をしている人でお客様の怒りを笑顔に変えられている対応者を、一度たりとも私は見たことがありません。

　なぜなら「クレーム処理」という言葉を使っている時点で、**クレームは嫌なもの、早く終わらせたいという思いがあるからです**。クレームは嫌なもの、早く終わらせたいと考えて処理するとクレームは長引きます。早く終わらせたいという態度が全面に出てしまい、それが伝わってしまうことで、お客様は余計に怒り続けるからです。

　もし、あなたがクレームを言われる時間を短くしたいと思うのなら、まず言葉を変える必要があります。クレームは処理するものではなく、"対応するもの"、"受け止めるもの"と変換するようにしてください。

　人間は言葉によって、認識が変わり物事の捉え方が変わります。捉え方が変わると行動も大きく変わります。しっかり受け止めようとして、お客様に向き合うことでお客様の怒りを鎮めることができるようになります。お客様から何度も同じことを言われ

ることもなくなり、対応時間も自ずと短くなります。

　私がコンサルティング依頼を受けた企業のお客様相談室の話です。10人のスタッフがいましたが、クレームを受けることがとても嫌なようで、業務が終了する18時になるのを静かに祈り続けているような非常にクレームに対して後ろ向きな現場でした（笑）。

　私はスタッフの意識を変えるために「お客様相談室はクレーム処理係ではない、お客様を笑顔にするためにある部署です」と伝え続けたところ、「どうやればクレーム対応で笑顔にできるのか」「対応に使えるボキャブラリーをもっと増やしたい」とスタッフが自発的に勉強するようになり、数か月後にはスタッフ全員がお客様に寄り添う対応できるようになり、クレーム対応に対して誇りをもって仕事をする現場にまで生まれ変わるようになりました。

　魔法の言葉は存在しません。言葉自体が魔法の力を兼ね備えています。自分が使う言葉ひとつでお客様の笑顔をたくさん増やせることを胸に刻みこみましょう。

クレームの心理
　自分が使う言葉によって、物事との向き合い方も変わってくる。クレームであっても例外でない。

具体的行動
　逃げの気持ちを捨てて受け止めるようにすると、対応時間も短くなる。

018 理不尽なクレーマーが誕生するポイント

初期対応に失敗すると、クレームはこじれる

「クレームでもっとも気をつけるべき点は何ですか？」という質問に対して、私の答えは**「初期対応に失敗しないこと」**と、必ずお伝えしています。

初期対応を誤ると、解決すべき問題より、対応者に対しての不信感の方が大きくなり、クレームのお客様が無理難題を押しつけてきたり、揚げ足を取るかのように対応者に対しての個人攻撃が始まったりしてしまうのです。対応者の信用も失うので、人を代えない限りはその場を収めることが難しくなってきます。

100円ショップでの出来事です。年輩のお客様がレジに来て、「おたくのお店は値札がついてないから不親切だ！」とクレームがありました（笑）。これに対してレジのスタッフがバカにしたような態度で「ウチは100円ショップですけど！」と言ってしまい、お客様に恥をかかせてしまった。これに対してお客様は激高し、「何だお前！　その言い方は！　上を出せ！」とレジから動こうとせず、レジ待ちのお客様の行列ができるという大きなトラブルに発展してしまいました。

「100円ショップだから値札はつけなくてもそれぐらいわかるだろう」は、店側の勝手な解釈です。お客様は「商品を気に入って買いたいと思っているのに値札がついてなくて不親切だ！」と困っているのです。

クレーム対応だけではなく、仕事をする上でとても大切なことに、何でも「**客観視**」できる、心のゆとりをもつことがあると思っています。自分たちの常識や当たり前はお客様にとってはそうではないことがたくさんあります。

自分たちの常識や当たり前はお客様にしっかり伝わっているだろうかと俯瞰して見る習慣をもつことです。お客様に対しては自分の身内や大切な友人のように愛をもって接する必要があります。

クレーム対応のスキルを学ぶと同時に、自分たちの仕事を客観視する習慣をつくっておくことで、クレーム対応で初期対応に失敗することはなくなります。未然にクレームを防ぐこともできるでしょう。

クレームの心理
対応者への第一印象を挽回するのは難しいので、初期対応に失敗しないことが重要である。

具体的行動
初期対応に失敗しないために、自分たちの「常識や当たり前」を俯瞰して見るようにしよう。

019 「すぐに来い！」と言われたときの対応法

すぐに行くのではなく、まずお客様の話を聴く

　クレーム対応のあるあるのひとつに激怒したお客様から電話が入り、時間や場所に関係なく「すぐに謝りに来い！」と要求される場合があります。

　とくにお客様が暴言を吐いてくる状況であれば、対応者側はパニックになることも少なくないと思います。
　しかし結論から言うと、すぐに謝りに行くかどうかは、対応者側の判断で決めて大丈夫です。お客様に言われたからといってすぐに謝りに行く必要はありません。

　クレーム対応をするなかで、忘れないでいただきたいポイントのひとつに、**クレーム対応は対応者側が主導権を握る必要がある、**ということがあります。

　お客様は感情に任せて、「すぐに来い！」というものです。そこで対応者側としてはまず、本当にお客様のところにすぐに謝りにいくべき案件なのかどうか、冷静に判断してもらいたいのです。それが最優先事項です。

この見極めの判断基準としては、「**緊急性**」と「**必要性**」があります。「大至急対応するべきものなのか？」、「現場に行かないと対応できないものなのか？」、この２点です。

　ホテルでの話です。宿泊客からフロントにお客様から内線が入り、お客様が「部屋がヒドイ！どういうことだ！　謝りに来い！」と言われました。この場合は、フロントスタッフはあわててお客様の部屋に謝りに行く必要はありません。
　「お部屋にご満足いただけなかったようで申し訳ございません。お部屋はどのような状態でしょうか？　お聞かせください」と、まず話を聴いて、部屋の状態を確認すればいいのです。洗面所が水漏れしているケースもあれば、隣の部屋の音が気になるというご不満のケースもあるでしょう。話を聴いてお客様の言い分やご要望を受け、すぐに部屋に行った方が良い場合もあれば、代わりの部屋の空きを確認してから行くことでも遅くないときもあるでしょう。対策を考えて現場に向かうほうが早く解決するものです。一度不満を吐き出したお客様は、少し冷静な気持ちでスタッフを待つようにもなるでしょう。

クレームの心理
　人は一度不満を吐き出すと、少し冷静になることが多い。

具体的行動
　対応者側が主導権を握り、すぐに行くかどうかは緊急性と必要性の観点で判断してから決めるようにしよう。

020 お客様を怒らせてしまうNG対応①

なだめようとすると、かえって怒らせてしまう

　クレーム対応に対しての経験が不足していたり、苦手意識があったりすると、ついやってしまうNG対応として「**クレームから逃げようとする**」「**お客様を否定してしまう**」ことがあります。

　カフェでの出来事。お客様を席に案内した店員がオーダーを通し忘れてしまい、お客様から少しイライラした表情で「コーヒーまだ？」とご指摘を受けてしまいました。通し忘れていたことに気付いた店員は、慌てて「すぐにもってきます」とだけ伝え、厨房に下がりました。数分後にコーヒーをおもちした際に「大変お待たせしまして、申し訳ございませんでした」の一言もなく、コーヒーを置いてしまったことが発端で、このお客様は帰り際にこの店員に激しい口調でクレームを言ったということがありました。

　この激しいクレームに対して、動揺した店員が最初に言った一言が「お客様、もう少し落ち着いてください！」でした。
　その後、このお客様がSNSで店の名前と場所、店員の名前まで公開した上で、さんざん悪い書き込みをしてしまい、カフェを経営する本社の広報がこの投稿を見つけ、大騒ぎになってしまっ

た、というのがこの話の結末です。

　どうでしょうか。自分がお客の立場ならSNSにまで公開することはないと考えるかもしれませんが、これに近い気持ちになったという読者の方はいるのではないでしょうか。
　では、この一連の対応はどこがダメだったのでしょうか。
　最大のポイントは、お客様に謝罪するべき場面で、逃げてしまったのが要因でした。挽回する機会を自分で全て逃してしまいました。①オーダーを通し忘れていたと気付いたとき、②コーヒーをおもちしたとき、③レジでクレームを言われたときの3回です。

　そしてSNSに書き込みまでされてしまったNG対応が「もう少し落ち着いてください！」と、なだめようとしたことでしょう。
　なだめる行為は、お客様を否定しています。拒絶してしまうのです。もう少し落ち着く必要があるのは、この店員自身であることはあきらかです。自分に非があるとわかったのなら、自分の不手際を認めて謝罪することができれば大きな問題にはならなかったのです。

クレームの心理
　お客様は、自分が否定されていることをわかると怒りが湧いてくる。

具体的行動
　お客様の気持ちに寄り添うために、自分の至らなかった点をしっかりお詫びするようにしよう。

021 お客様を怒らせてしまうNG対応②

クレームに同調しても、
受け止めたことにならない

　2000年代に入り、日本では企業や行政に寄せられるクレームが増加傾向になった頃に組織がクレーム対策を意識するようになりました。残念ながら、その時代に作成されたクレーム対応マニュアルがいまだに正しいと信じられ、現場で使用されている組織が少なくありません。

　私はクレームにもトレンドがあると思っています。時代にあわせて対応策を進化させていかないと、お客様の怒りを笑顔に変えることはできないと考えています。

　先日、研修会社のクレーム対応研修のテキスト監修依頼があった際に驚いたのですが、草稿にはやはり2000年代前半に作成されたと思われる古いタイプのクレーム対応方法が記載されていたのです。

　クレーム対応の伝統かのように、揃って記載されている対応法に「不必要に謝罪をするのを避ける」というものがあります。

　これは、アメリカ社会の影響が大きいのですが、「謝罪をして非を認めることで、多額の賠償金を請求される恐れがある」とい

うことをいまだに信じている人が少なくなく、業界によっては、これが定番の考えとして信じられています。はっきり言うと、時代は変わりました。アメリカ社会でも申し訳ないことをしたとわかったなら、謝罪してどうすればお互いがハッピーになるかを冷静に話し合うように変わってきています。

同じくクレーム対応の伝統として残る常套句（笑）として、お客様の話を聴いている際のあいづちに「おっしゃる通りです」「ごもっともでございます」があります。とくに公共機関、企業のお客様相談室・コールセンターで多用している言い回しです。

「おっしゃる通りです」「ごもっともでございます」という同調の対応は危険です。 同調は、許してもらおうとしています。早く終わらせようとしている行為です。この誠意のない対応にお客様はさらに怒りを募らせることもあるでしょう。それこそ、同調は全面降参と同じですのでお客様から言われる要求を全て受けいれざるをえない状況に陥る可能さえあります。

クレームの心理
お客様は同調には不実を、謝罪には誠実さを感じることが多い。

具体的行動
「おっしゃる通りです」「ごもっともでございます」など、同調の言葉で許してもらおうとするのをやめる。

022 お客様を怒らせてしまうNG対応③

急いでいる様子を見せると、相手は不愉快になる

　お客様が激怒していると、この場を何とかおさめたい気持ちが大きくなり、すぐに解決策を出す対応者が少なくありません。

　恥ずかしながら私もお客様相談室時代は、クレームを言っているお客様の話を途中で遮って、「お金を返すように段取りします」お金で解決しようとしてしまい、さらにお叱りを受けたことがあります。

　もちろん状況によっては、早く解決策を提示することによってお客様の困りごとを取り除くことが優先される場面もあります。ただ、クレームを言うお客様は、解決もして欲しいのですが、その前にこの状況を"**理解して欲しい**"から言います。

　言いたいことを全部出し切らないと、不満の内容を聴いてもらってからではないと、どんな解決策を提示しても納得しないものです。

　解決策を急ぐ対応のもうひとつのパターンとして、「またこのクレームか……」とお客様の話を全て聴く前から決めつけてしまい対応に失敗するケースがあります。

病院での話です。入院患者の年輩の男性からのクレームで「6時の夕食の時間が早すぎる」というものがありました。このクレームを言われる理由が、食べる時間が早いので、「夜中にお腹が空いて寝られない」というのがほとんどだったという経験のもと、対応した看護師がいつもと同じ対応で「夕食を6時にすることで消化が早くなり、太ることもない」というメリットの部分を全面に出して話し始めたところ、「あなたは何もわかっていない」と入院患者をさらに怒らせてしまったことがありました。

実はこの入院患者が6時の夕食が早すぎて困る理由は、3歳の孫がお見舞いに来てくれる時間が夕方の6時から7時の1時間らしく、この時間は一日の唯一の楽しみの時間で、ゆっくり孫と遊びたいというのがクレームになった背景でした。

自分が早く終わらせたいと考えたり、よく起きるクレームへの慣れからくる決めつけた対応をしたりしては、お客様からの信頼を一気に失う可能性があるので、注意をしてもらいたいところです。

クレームの心理
承認欲求は、話を聴いてもらうことで満たされる場合も多い。

具体的行動
100個のクレームがあれば、クレームを言う理由は100パターンあると考えて対応しよう。

023 卑屈にならない方法

良き理解者になることで、卑屈にならないで済む

　クレーム対応では、冷静に論理的に話をしてくれるお客様もいれば、興奮して大声でクレームを言ってくるお客様もいます。でもブレてはいけないのは、クレーム対応のゴールはお客様の怒りを笑顔に変えることです。
　「クレームを言っても、ちゃんと受け止めてくれる良いお店だ」「ファンになった、またこの会社を利用し続けよう」と、お客様に思ってもらい、お客様と仲良くなることです。

　"クレーム転じて福となす"というようにクレーム対応はお客様と信頼関係を築くことができる最高の機会であるということです。

　良い関係性を作る上で必要なことは、お客様の良き理解者になることです。
　意外に思われるかもしれませんが、**クレーム対応の際のお客様との関係性は対等で良いのです。**なぜなら理解者という立場に上も下もないからです。同じ問題を抱えたパートナーとして、お互いにとって良い状態になるよう対話することが大切です。
　クレームを言ってくる人に対して理解をすることが難しいとい

う方、どうしても感情的になってしまう方は、「クレームを自分に対する悪口」と捉えてしまっているのかもしれません。

　私も経験があるのですが、クレームの矢印を自分に向けてしまうと自分が否定された気持ちになってしまいます。否定されたと考えてしまうと、対立関係ができあがってしまいます。

　お客様のクレームは自分に向けられているのではなく、自分たちの仕事ぶりに対してのアドバイス・改善のヒントであると捉える必要があります。**自分と仕事を一旦切り離す**ようにするのです。

　切り離すことで冷静さを保つことができ、少し俯瞰した視点で、クレーム対応に臨むとお客様がクレームを言ってくる意図や理由が手に取るようにわかるようになります。

　良き理解者として、クレームを言うお客様をわかろう、知ろうという姿勢に変えることができるようになります。お客様と対等の関係で向き合うことを実践してください。

クレームの心理
　自分と仕事を切り離すと、クレームを人格否定と思わないで済む。

具体的行動
　お客様の良き理解者になるために、冷静になって対等の関係で向き合おう。

024 お客様の怒りを鎮める方法

最初にしっかり謝ることで、お客様は落ち着きを取り戻す

　クレーム対応がうまくできない組織は、今までの経験を頼りにケースバイケースでその場限りのクレーム処理をしています。

　クレーム対応はその場の状況に応じてやるものではありません。クレームを言ってきたお客様に対して最初はどんな言葉を投げかけるべきか、ちゃんとした法則が存在します。

　クレームが発生した際にお客様に対してやるべき最初の対応は、"お詫びの言葉"を投げかけることです。
　クレームに対して最初にお詫びすることに抵抗感がある方が少なくありません。
　こちらに非があるかどうかわからないのに、お詫びするのは全面的に非を認めてしまうことが危険だと考える人が多いのです。
　もちろんお客様の話を全て聴く前から全面的に非を認める必要はありません。ただ、クレームはいきなり発生してしまいます。
　自分たちはしっかり仕事ができていると思っていても、お客様は突然電話をかけてきて、店頭に現れていきなりクレームを言ってきます。

その時点では、一体誰が悪いのかは明確ではありません。話を聴いてみると、自分たちに非がないこともあるでしょう。
　でもクレームが発生した時点でわかっていることがひとつあります。**それは、お客様は何らかの怒りの感情をもってクレームを言ってくるということです。**

　「聞いていた話と違う！」とお客様がお怒りのご様子であれば、「お客様のご期待に添えられない点があったようで申し訳ございません」と、お客様のガッカリした気持ちに対して寄り添う、お詫びの言葉を投げかけることをおススメします。

　最初の謝罪を怠るとお客様は怒りの感情そのままにあなたに対して厳しい言葉をぶつけ続けるでしょう。まさに初期対応に失敗してしまう典型的なパターンです。
　お詫びの言葉は早ければ早い程、良いのです。この言葉を受けたお客様は一気に冷静さを取り戻すようになります。

クレームの心理
　クレームが発生した時点で唯一わかっていることは、お客様はお怒りだということである。

具体的行動
　怒りの感情をやわらげるために、まずお詫びの言葉を投げかけよう。

025 初期対応に失敗しない方法①

限定付き謝罪を使うと、対立を対話に変えられる

「私共の対応でお客様に嫌なお気持ちを与えてしまい、誠に申し訳ございません」

「いつもご利用いただいておりますのに、ご満足いただけない点があったようで申し訳ございません」

「お客様へのご案内に至らない部分があったようで、申し訳ございません」

これらは「**限定付き謝罪**」と言います。クレーム対応で最初に使うお詫びの言葉として是非、活用するようにしてください。

限定付き謝罪とは、全面的に非を認めるのではなく、限定した部分に対して謝罪する方法です。

クレーム対応の現場では、「お客様に嫌な気持ちを与えてしまった」、「ご満足いただけない点があった」、「ご案内が至らない部分があった」という、お客様を悲しませてしまった部分に限定して謝ることを実践するようにしてください。

限定付き謝罪は上記の3つの表現だけではありません。現場で

よく起きるクレームをイメージしてどのようなお詫びの言葉を使うのかを準備しておかないと、お詫びのタイミングを逃してしまい、初期対応に失敗してしまう恐れがあります。

クレーム対応が発生した時点で、残念ながらお客様は対立姿勢で電話をかけてきます。対決モードで店頭に乗り込んでくるものです。そしてお客様からのお怒りの言葉を聞き続けるのは、とてもストレスがかかります。激しい言葉に恐怖心を抱いてしまってもいけません。

この状況からいち早く脱するために、限定付き謝罪を使うことで、お客様は怒りのボルテージを下げ、対立から「対話」「話し合い」の状態にもっていくことができるのです。対立を対話に変えられれば、クレーム対応に心をすり減らすこともなく、必要以上に対応時間が長くなることもありません。

 クレームの心理
　お客様は最初に謝罪がないと、謝罪がなかったことにも怒りを大きくしてしまう。

 具体的行動
　冷静に話し合いができるようにするために限定付き謝罪を活用しよう。

026 初期対応に失敗しない方法②

自分事として話を聴くと、怒りを和らげることができる

　クレームはお客様の話を聴いてみないと、一体なぜお怒りなのか、こちらのどの部分が良くなかったのかを把握することができません。
　「レジでの従業員の対応が良くない！　どんな教育をしている！」とクレームを受けたのなら、**お詫びの言葉とあわせてお客様の話を聴こうとする姿勢を見せます**。

　「大変ご不便をおかけしたようで、誠に申し訳ございません。私どもにどのような対応がございましたか」

　「お客様に不快なお気持ちを与えてしまい申し訳ございません。恐れ入ります、状況を詳しくお聴かせいただけませんか」

　クレームは自分のミスより他人のミスや自分の知らない現場で起きたこと、たらい回しにされたお客様が、自分の担当部署ではないことについて話をしてくることもあります。
　この場面こそ、いかに自分の問題としてお客様の話を聴こうとするかが、重要です。パフォーマンスではありませんが、ある意

味見え方も大切です。

　少しでも自分のせいではないのにという気持ちや表情がお客様に伝わってしまうと、お客様は不満をもちしっかり話を聴こうとしないあなたに対してクレームの矢印が向かってくるようになります。このような二次的クレームに発展して対応が長引いてしまうことは、クレーム対応の現場でホントによく起きます。

「(アルバイトなので) 私に言われましても……」
「私の担当部署ではありませんので……」
「苦情専門部署がありますので、そちらに連絡をお願いします」

　これは、私の取引先のスーパーで店舗スタッフが実際にお客様に伝えてしまい、大炎上した言葉です。クレームを受けたくない、私のせいではないのにという気持ちがあると、思わず反応で出てしまう言葉なのかもしれません。働くとは「傍(はた)を楽にすること」です。お客様を笑顔にすることです。

　働く者として恥ずかしくない行動をとるようにしたいものです。

クレームの心理
　クレームを受け止める姿勢を「見せる」ことの力は大きい。

具体的行動
　お詫びとセットで話を聴く姿勢を見せよう。

027 お客様との距離を近づける方法

部署と名前を名乗ると、
お客様が安心する

　クレーム対応は誰がやるべきなのか？　その答えは、お客様からクレームを言われた人が対応すべきなのです。
　責任者やお客様相談室の部署の人だけがやるものではありません。現場でクレームを直接受けた人が組織の代表として受け止める必要があります。

　お客様はクレームを言う人を無意識のうちに選んでいます。
　クレームを言ってもちゃんと対応してくれなさそうな人にはクレームを言いません。なぜなら、お客様はこれ以上嫌な思いをしたくないからです。自分のこの怒りの感情を受け止めてくれそうな人に対してクレームを言いたいのです。

　対面でクレームを受けることが多い業種、百貨店や飲食店からコンサルティングのご依頼を受けると、必ずと言っていいほど、現場の方から私への相談内容に「なぜか私ばかりいつもクレームを受けますが、どうしてでしょうか」があります。

　経験上、クレームをよく受ける人は運が悪い人ではありませ

ん。**その現場で一番仕事ができる人です。**一番お客様の立場に立てる人がクレームを言われています。お客様から信頼されているのです。これは、役職や年齢は関係ないのです。お客様はやはりこの人ならわかってくれると思って期待してクレームを伝えてきます。

電話でのクレーム対応の場合、お客様から冒頭に「話のわかる人を出してちょうだい」と言われることがあります。これは、電話では相手が見えないので、これ以上嫌な気持ちになりたくないという気持ちから「話をちゃんと聴いてくれる人」を求めてそう言うのです。

何を言いたいのか？　**クレームを言われることを誇りに思えば良いのです。**組織の代表としてクレームをしっかり受け止めれば良いのです。「私、営業部の○○と申します。是非、詳しく話を聴かせてください」と堂々とした態度でしっかり名乗るようにしてください。お客様との距離を近づけるようにするのです。**お客様対お店ではく、人と人の対話になります**ので、お客様は話を大きくして伝えてくるなど、ゴネるような態度はしてこなくなります。

クレームの心理
お客様がクレームを言う相手を選ぶのは、自分がこれ以上傷付きたくないからである。

具体的行動
「お客様対お店」から「人と人の対話」にするため、自分の名前を堂々と名乗って対応しよう。

028 クレーム対応で効果的な会話法

傾聴を心掛けると、
自分はあまり話さずに済む

　クレーム対応の話の聴き方で意識すべきことは、話を全て引き出すことです。お客様の怒りの感情を全て吐き出してもらうことです。
　クレーム対応が苦手だと言う方の特徴に、「言葉が出てこない」、「何とお客様に言って良いのかわからない」があります。

　お客様からのクレームに対して対応者が何かを話そうとしようとしなくて大丈夫です。**傾聴するのです。**イメージとしては対応者が1割でお客様が9割、話すことを意識してください。
　インタビュー形式での話し手と聞き手の関係をつくるようにしてください。テレビの対談番組や専門家のゲストコメンテーターに話を聴くスタイルを思い出していただいて良いと思います。

　話を聴こうとしている対応者に対して、人間は長時間怒り続けることは難しいのです。時間にして5分以上怒り続けることの方が大変です。言うことがなくなるとトーンはどんどん下がってきます。
　1時間以上怒り続けられたという方がいるのであれば、事務的

な態度を取ったり、反論したりしてしまったことによる初期対応に失敗したケースです。他にはこちらに非がないと考えお客様の話を全部聴く前に話を遮ったしまったことが原因だと思います。

「でも」「ですけど」「いや、それはですね」
「そんなことはないと思いますよ」
「今までそういうご指摘はなかったですけど……」

このような言葉を使用してしまうと、お客様はこの対応者は何もわかっていないと考え、感情的になって何度も同じことを話すのです。

クレーム対応研修の質疑応答でよくある質問に「お客様が何度も同じことを言ってきて困るのですが、なぜこうなってしまうのでしょう？」の答えは、「ちゃんと最後まで話を聴こうとしないから」です。これ以外、理由が思い当たりません（笑）。

"しっかり話を聴こうとすれば、クレームの怒りは5分で終わる"と信じて、全力で傾聴することを最優先してください。案外、大したことでもなく、すぐに終わることも少なくありません。

クレームの心理
クレーム対応ではうまく言い返そうとせず、お客様に話をしてもらう状況をつくると、怒りはおさまってくる。

具体的行動
怒りを鎮めるために、全て吐き出してもらおう。

029　クレーム対応の主導権を握る方法

言ったことを全て書き残すと、事実関係でもめなくなる

　クレーム対応の現場でメモを利用しない対応者が少なくありません。

　人間の記憶はあいまいです。メモを書き残さなかったことで、上司や責任者に報告するときにヌケ・モレがありクレーム対応に失敗してしまいます。また、あいまいな記憶のまま、担当者が勝手な解釈をして組織に共有されることでお客様から「そういう意味で伝えたのではない」と、余計に怒らせてしまうケースも起きてしまいます。

　クレーム対応の現場で上司や責任者がもっとも困ることに、対応者の報告内容とお客様のクレーム内容に食い違いがあることです。メモを取らない対応者の勝手な解釈を信じてしまうことで、クレーム対応の落としどころを見誤ることがよく起きています。

　クレーム対応では、必ずお客様の話をメモに取ることを心掛けてください。お客様の言葉を記録に残すようにしてもらいたいのです。自分が勝手な解釈をすることはなくなり、お客様が何と言ったのかという「事実」を書き残すことができます。

メモの取り方のポイントは、お客様が伝えてきたクレーム内容を全て書き残すことです。多少時間がかかっても構いません。お客様の話を止めても問題ありません。「お客様、恐れ入ります。今、お話の内容をしっかり書いていますので」と、**こちらが主導権を握りながらメモを書き留めるのです。**

クレーム対応の主導権はお客様に渡してはいけません。メモを利用して話を聴くことができれば、一方的にお客様が早口で話されることもなくなります。

クレームの内容によっては、その場で解決することができず、後日の対応になる場合もあります。

時間が経つことで、お客様が前回と違うことを言い始めたり、なかには新たな内容のクレームを言ってきたりするケースもよく起きています。

その場合にもメモが残っていると、「お客様、前回はこう仰っていました」「恐れ入ります。前回の内容につきまして話を進めさせてください」と、やはり主導権を握ることができるのです。

クレームの心理
「メモを取らせてください」と伝えると、相手も言い方が丁寧になる。

具体的行動
クレーム対応の落としどころを見誤らないために、メモを取りながらクレームに対応しよう。

030 お客様の"良き理解者"になる方法

共感のあいづちを使うと、クレームを言いにくくなる

　クレーム対応の話の聴く際、あいづちのうち方で意識してもらいたいことがあります。それは「**共感のあいづち**」を使いながら話を聴くことを実践するようにしてください。

　クレーム対応での共感とは、「**理解を示す**」ことです。お客様が興奮状態であってもこちらは冷静にお話の内容に理解を示すのです。理解しているということを言葉にするのです。

■**共感のあいづちの言葉**
「はい」「ええ」「そうでしたか」「そうだったのですね」
「そんなことがありましたか」「えっ！　そんなことが！」
「そう思われたのですね」「私共の対応が良くなかったのですね」
「長年ご利用いただいて、そういうことはなかったのですね」
「そういう認識でいらしたわけですね」「驚かれたわけですね」
「お急ぎだったのですね」「信頼していただいていたのですね」
「その後はどうされたのですか」「○○ということですね」
「私共に対してそういうお気持ちでいらっしゃるということですね」
「お話、良くわかります」「それで今、ご連絡いただいたのですね」

「いかにお怒りなのかよくわかりました」「状況、よく理解できました」

いかがですか？　意外にたくさんの言い回しがあると思いませんか？「はい」「ええ」しか使っていなかったのなら是非、参考にしてください。

これはクレーム対応のテクニックとして覚えておいていただきたいということもあるのですが、親身になって「お客様には一体何があったのか」「私たちのどの部分にご不満をおもちなのか」を理解しようとすると、自然にこのような言い回しやフレーズが自然と口からでてくるのではないでしょうか。

クレームを他人事ではなく、いかに自分事として捉えるのか、自分の大切な家族や友人の話を聴くかのように共感しながら寄り添うような接し方が大切だということです。共感しながら聴くと、お客様の気持ちが手に取るようにわかるようになります。

クレームの心理
お客様は、「この対応者は私の良き理解者だ」と思うようになると、クレームを言えなくなる。

具体的行動
話しを聴くときの「共感のあいづち」のバリエーションを増やそう。

031 やってはいけない話の聴き方

すべきは「共感」であり、「賛成」ではない

　クレーム対応で話をしっかり聴いているうちに、お客様の話に感情移入しすぎる方がいます。

　良き理解者になるために共感することが大切だとお伝えしましたが、「賛成」することは避けてもらいたいのです。

　和菓子のお店でようかんを買って食べたというお客様から電話で「異物が混入していた」というクレームが入りました。

　本来であれば、お詫びしてお客様の話を聴いて、どんな異物が入っていたのか回収して確認し、どの製造工程のなかで混入したのかを調べた上で、お客様へどのようなリカバリーをするかを考えるのが、良い対応だと考えます。

　ただ、このお客様は友人宅へのお土産としてもっていったものに異物が混入していたことで、自分がどれだけ恥をかかされたかを1時間近くも話し続けたようでした。

　実は1時間近くもクレームになったには理由がありました。対応したパートの女性が、このお客様に感情移入してしまい、同情してしまったようで製造工程がいかに管理できていなかったのか

をお客様と一緒になって非難していたようでした。

最終的はお客様も怒りが収まらなかったようで、「店長を出せ！」となり、さらにクレーム対応に1時間以上も費やすことになってしまいました。

事務的な対応でお客様を怒らせてしまうケースとは逆で、お客様の立場に立つことまでは悪くはなかったのですが、お客様と一緒になって店を悪く言うのは避けてもらいたいところです。

このときにパートの女性がお客様に使っていたあいづちが「はい、私もそう思います」「そんなことはありえないですよね」「お客様がそうお考えになるのは当然です」と同調の言葉であり、お客様を支持する言葉の数々でした。この言葉にお客様は「そうだ！　悪いのはこの店だ！」と怒りを増大させたのです。

今回の場合であれば「私共の商品で大変ご不便をおかけしということ、状況がよくわかりました」という、起きた事実に対して理解を示すことができていれば、お客様のさらなる怒りを買うことはなかったと考えられます。

クレームの心理
対応者が賛同すると、攻撃対象が同じ方向を向いてしまい、お客様の怒りは増幅してしまう。

具体的行動
お客様のお怒りの気持ちに理解を示すのは良いが、賛成・支持することは避けるようにしよう。

032 お客様に安心してもらう話の聴き方

話すスピードとトーンを、お客様にあわせる

　クレーム対応の上級者がテクニックのひとつとして実践していることに、お客様の話すスピードとトーンをあわせにいくことがあります。

　これは、クレームを言う立場になればわかることなのですが、たとえば通販で注文した商品が時間通りに到着せず、急いでコールセンターに連絡したとしましょう。

　「午前中に届くはずの商品がまだ届いてないのですけど！」と少し早めの口調で伝えたところ、対応に出てきたオペレーターから「まずはお客様のお名前とお電話番号を教えていただけますか」と冷静に言われたらどんな気持ちになるでしょうか？

　企業のコールセンターの対応マニュアルをたくさん監修してきましたが、どのお客様に対してもどんな用件であっても、まずお客様のお名前と電話番号をうかがう」と決められているのです。

　全てのオペレーターが同じ対応をできるようにするために作成されたのが対応マニュアルの良い部分かもしれませんが、裏を返せば親近感がわかない、融通が利かない印象をお客様に与えます。正直言うと、**全員が同じ対応をするならオペレーターでなく**

てネット対応でも充分です。画一的な対応を優先するマニュアルの存在によってお客様との良好なコミュニケーションができず、心を通わすことができる機会を損失しています。

　今回であれば明らかにお急ぎでお困りのご様子がうかがえる内容だとわかります。であれば、こちらも少し早口で「さようでございましたか！　お客様にご不便をおかけしまして、申し訳ございません！」と少しお客様の話すスピードにあわせるようにお詫びの言葉を伝えるとお客様も安心されるのではないでしょうか。
　お客様も「あっ！　私が困っていることをわかってくれている」と考え、気持ちも少しは落ち着くはずです。

　逆に落ち込んだご様子でゆっくりとした口調でクレームを言ってくるお客様もいます。この場合であれば、笑顔で爽やかな対応をすることを控えるようにします。こちらもお客様の話し方のトーンをあわせながら、早口にならずに同じスピードで話すことを意識すれば、お客様も安心して話すことができるようになります。

　クレームの心理
　対応者とお客様の話すスピードと声のトーンが近いと、お客様はシンパシーを感じる。
　具体的行動
　お客様の感情にあわせて話すスピードとトーンを変えることを意識しよう。

033 クレームがきつくなる原因

お客様の正面に立つと、クレームはハードになる

　お客様からの感情的なクレーム、大きな声で主張されるクレームを受けると、恐怖心でいっぱいになります。
　男性の私であっても攻撃的なクレームは震えるぐらい怖いです。

　対面でのクレーム対応の注意点として、お客様との立ち位置は正面を向いた状態を避けるようにしてください。
　クレームを言う立場だとわかるのですが、**正面の相手に対してはとてもクレームが言いやすいのです。**
　逆にクレームを受ける側は、正面から受けるクレームはお客様と目が合い、威圧感を感じ平常心を保つことが難しくなります。

　私にクレームのご相談がよくある業種として、病院、市役所、銀行、携帯電話ショップとクリーニング業界があります。
　とてもハードなクレームが多く「現場が疲弊しているのでアドバイスが欲しい」と、クレーム対応研修の依頼がよく入ります。
　最近になってこの一見バラバラだと思われるハードなクレームの多いと言われる業界には、共通点があるということに気付きました。それは"カウンター越しにお客様と正面から向き合ってク

レーム対応をしている"ということです。
　面と向かっての立ち位置は敵対関係を作りやすい環境なのです。クレームがハードになるのは立ち位置が原因なのでした。

　ではどうすれば良いのか。当然ですがお客様との立ち位置を変える必要があるということです。

　一番良い方法は、横に付くことです。横並びが不自然になるようであれば、斜め45度ぐらいの角度に立つことをおススメします。
　横に並べると、お客様は大きな声を出しづらくなります。対応する側もお客様と面と向かって目を合わせることもなくなり、話やすい空間スペースをつくることができます。
　たとえばですがカウンター越しではなく、カウンターから出ていきソファー席に移動してお客様の横に座る方法もあります。
　さらにメモも取りながら話を聴くようにするとメモに視線を落とすこともできますので、自分が一番落ち着いて対応できるようにもなります。ただし、別室に通すと居座られることもあるので気を付けましょう。

> クレームの心理
　正面でのクレーム対応は敵対関係をつくる原因となる。

> 具体的行動
　お互いが落ち着いて話せるように、意識的にお客様の正面には立たず、横に付くようにしよう。

034　お客様の話で押さえるべきポイント

「何があったのか」把握すると、誤解が生まれにくくなる

　クレーム対応の経験が少ないと、お客様からの一方的なクレームには、しっかり内容を理解し冷静に判断することが難しく感じられるかもしれません。

　リフォーム会社にお客様から入ったクレームで「この間、リフォームで張り替えた風呂のタイルで滑って大ケガをした！　これは不良工事だ！　リフォーム代返せ！」という内容のものがありました。
　その際、対応した若手営業マンが上司に報告してきた内容は「金銭要求の悪質クレーマーから電話が入っています」でした（笑）。

　少し極端な例を出しましたが、これに近いことはどこの組織でも起こる可能性があります。
　お客様の話をしっかりメモしておかなかったことが一番の原因だと思いますが、この若手営業マンが上司に報告した内容はお客様が伝えてきた「事実」ではなく、**「自分の勝手な解釈」**でした。

お客様は被害者意識があると、少し事を大きくして伝えてくることがあります。その際にもお客様の言葉に引っ張られるのではなく、「**何があったのか**」の事実を把握することを意識するようにしてください。

　お客様の話で押さえるべきポイントとして①「何があったのか」、②「お客様は何に対して怒っているのか」、③「どうしてもらいたいのか」があります。

　今回でいけば、①「先日リフォームしたお客様が張り替えたタイルに足を滑らせてケガをされた」、②「不良工事なのではないかとご心配されている」、③「リフォーム代を返せと、ご希望が出ている（金返せというぐらいお怒り状態である）」というポイントを上司に報告できれば良かったと思います。

　このお客様が言った「**事実**」をもとに対応すれば良いのです。解決方法としては、お客様が患ったおケガに気遣いの言葉をかけ、どのような状態で足を滑らせたのか現場のタイルの状況も確認し、工事に不備があったのかどうかを調べるようにしてはどうでしょうか。不備がなかったのなら、心配をかけてしまったことをお詫びするという対応で十分だと思います。

クレームの心理

　クレーム対応に不慣れな段階で詰め寄られると、「自分の勝手な解釈」をしてしまうことがある。

具体的行動

　「何があったのか」「何に怒っているのか」「どうしてもらいたいのか」を把握し、お客様が伝えてきた事実に対して対応するようにしよう。

035 お客様の言いたいことがわかる効果的な方法

質問を繰り返していくと、お怒りの理由がわかる

　お客様からのクレームの内容を聴いている際、言わんとしていることが理解しづらいケースが多々あります。どういう意味で言っているのかがわからないときもあるでしょう。
　その場合はお客様の話に対してどんどん質問を投げかけても構いません。たくさん質問することで、お客様がどうして欲しかったかが理解できるようになります。

■言いたいことがわかる効果的な質問の言葉
「それは、私共の案内が不足していたということでしょうか」
「つまり、商品がご要望の内容と違ったということでしょうか」
「1時間以上もお待ちいただいていたということでしょうか」
「お客様を疑うような対応があったということでしょうか」

　このようなフレーズで質問をしていくと、どの点にお客様が不満や不信感を抱いていたのかが明確になってきます。

　紳士服のお店のお客様相談室に「今後、おたくでは商品を買わない！」とお怒りのクレームが入りました。店舗スタッフの対応

が事務的だったというクレーム内容だったのですが、「商品がお客様のご期待にそえられなかったということでしょうか」「お客様の立場に立った接客でなかったということでしょうか」と、質問を繰り返すなかでわかったことがありました。

　それは、お客様が気に入って買ったジャケットを家で試着してみると糸のほつれや毛玉がたくさんあったので不良品だと考え、交換してもらおうと家から電話したところ、「不良品かどうかを確認するので着払いの宅急便で商品を送り返して欲しい」と対応されたようでした。実はこのお客様は、翌日の大切な商談に着用するために購入したジャケットだったのです。着ていくことができなくなったことがクレームになった理由でした。

　クレームのお客様はお怒り、というより何かお困りであると考えてみてはどうでしょうか。今回でいけば、もう少し深く突っ込んで話を聴ければ、すぐに商品を交換して商談に間に合わせる対応をすることもできたのではないかと思います。

　クレームの心理
　お客様の怒りの理由を正確に把握するのは、お客様自身でも難しいときがある。

　具体的行動
　何をやるべきか、どうして欲しかったかを明確にするために、お客様にどんどん質問するようにしよう。

036 解決策を出す際に知っておくべきポイント

「お客様のなりたい姿」は、クレーム解決の鍵になる

　クレームの内容をしっかり受け止めるようになると「そうか！だからお客様はクレームを言ってきたのか！」ということに気付くことがたくさんあります。

　2011年に実際にあった有名な話です。本と雑貨の買い取りショップのレジで、お客様から「本の買い取り価格が3,000円は安すぎる！　もっと高く買い取って欲しい！」というクレームが入りました。
　これに対して店員は「買い取り価格は当店の決めた金額でお願いしています」と、いつもあるクレームだと考えて、このお客様に3,000円を渡しとところ、このお客様は「ケチケチしやがって！」と怒りながら、レジ横にあった東日本大震災の義援金箱に3,000円を丁寧に入れて帰っていったそうです。

　クレームは、「こうして欲しい」「こうなりたい」という期待が最初にあり、それが裏切られた場合に発生するものだと考えるようにしてください。
　ですので、クレームを言ったお客様の「なりたかった姿」が理

第3章　失敗しない！クレーム対応法

解できるとお客様のためになる解決策も出せるようにもなります。

　東京・江戸川区の住宅街にある本屋さん「読書のすすめ」をご存知でしょうか。小さな書店ということもあり、人気ビジネス書をたくさん仕入れることができず、過去はお客様からクレームを言われることが少なくなかったそうです。
　でも、この書店のオーナーの清水克衛さんはクレームを言われて、気付いたことがありました。
　それは、お客様には「お客様のなりたい姿」があって、この本を読むことによって自分の悩みや問題を解決したいのだということでした。このことがキッカケで清水さんは画期的なサービスを始めました。お客様の悩みや問題を聴いて理解してから、その問題を解決できる本を一人ひとりに丁寧に提案するようにしたのです。一気にクチコミが拡がり全国からお客様が自分の悩みを解消できる一冊を求めて清水さんに会いに来るようになったのです。現在は、日本中にファンがいる日本一の本屋さんになりました。

　クレームの心理
　お客様はサービスを提供されて「なりたい姿」に近づこうとするが、近づけないでいるためにクレームにつながっていることがある。
　具体的行動
　良い解決策を提示するために、お客様の「なりたい姿」を探ってみよう。

037　解決策を伝える前にやるべきこと

お詫びと共感の言葉は、切り返す前に言うと良い

　一通りお客様からのクレーム内容を聴くことができたら、すぐに解決策やこちらの言い分を話し始めるのではなく、是非お客様に伝えていただきたいことがあります。
　それは、クレーム内容についてしっかり把握できたということです。このことを、言葉にして投げかけていただきたいのです。

　この際にお客様に伝えるべき言葉は、「**お詫びと共感の言葉**」です。
　話を聴いて、これはこちらに不手際があったと理解したのならお詫びの言葉をしっかり伝え、こちらの対応で嫌なお気持ちを与えてしまい、お客様がガッカリされているとわかったのなら、そのお気持ちに寄り添うような共感の言葉を伝えるようにしましょう。

■**「お届けした商品に不具合があった」というクレーム**
　「この度はお買い上げいただいた商品に不手際があったことで、○○様のお仕事に支障をきたしてしまい、大変ご不便をおかけしておりますこと、心よりお詫び申し上げます」（お詫び）

■「従業員の接客教育がなってない」というクレーム

「いつもご利用いただきながら、私共の従業員の対応で、○○様に嫌なお気持ちを与えてしまったこと、お話を聴いて状況がよく理解できました」(共感)

いかがでしょうか。クレームを言った立場で考えると、「わかってくれた」「私の話を受け止めてもらえた」と安心するのではないでしょうか。

逆にお客様の思い込みや勘違いから発生するクレームだったとしても、すぐに切り返してお客様の勘違いを指摘するようなことをしてはいけません。この場合も「お話をおうかがいして私どもの対応にご満足いただけなかった点があること、よく理解できました」といったん受け入れることで、お客様との関係性を良い方向にもっていくことを実践してみてください。

クレームの心理
お客様は話の内容を全て聴いてもらえたと思うと安心し、その後の話を受け入れやすくなる。

具体的行動
信頼関係を強化するために、解決策を出す前にお詫びと共感の言葉をつかおう。

038 解決策にお客様が聴く耳をもつ方法

肯定の言葉を引き出すと、その後を進めやすくなる

　ここでは、クレーム対応の解決策を出すタイミングについて、お伝えしたいと思います。

　お客様の話が長く続いてしまったりすると、話を遮って、「いや、それにつきましては……」と、こちらの言い分を話しはじめてしまう対応者がいます。当然ですが、お客様から「話を最後まで聴け！」とさらにお叱りを受けてしまうこともあるでしょう。

　解決策を出すタイミングに関しては、お客様が話を全て出し尽くしたと判断したときで結構です。ただ一方的に判断するのではなく、**こちらが解決策を出して良いかの了承をお客様から得ることがとても大切です。**

　たとえば「お客様、私から話をしても宜しいでしょうか」、「私共からお伝えしたいことがございますが、話をしてもいいでしょうか」という言葉を入れてみてください。

　このときに「いや、待て！　まだこっちの話は終わっていない。」と言われたら、「承知しました。引き続き、お願いします」とお伝えして話を全て聴くようにしてください。

一方でお客様が自分の話を全て出し尽くした、言いたいことは全て伝えられていたのなら、「うん、どうぞ」というように、了承を得ることができます。

　了承・許可を得たときのお客様からの「うん、どうぞ」という「YES」の言葉を引き出すことがとても重要です。
　人間は一旦、自分で肯定の言葉を使用すると、相手を受け入れようとする心理が働き、こちらが提示する解決策もじっくり聴いてくれるようになります。
　さらに、お客様心理として全部話を聴いてもらえたのだから、相手の話も聴かないと悪いという気持ちも働くようになりますので、ここの部分はとても重要なやりとりになります。

　この後に、こちらから提示する解決策をお客様に受け入れてもらいやすくなることにも繋がっていきます。
　どんな解決策を出すかよりも、どう切り出すかの方が重要であることが多いのです。

クレームの心理
　人は一度自分で肯定の言葉を使用すると、相手を受け入れようとする心理が働き、聞き分けが良くなる。

具体的行動
　お客様も解決策を受け入れてもらうために、「今、私から話をして良いでしょうか」などと解決策提示の了承・許可を得るようにしよう。

039 解決策がすぐに出せない場合の対応法

お待たせするときは、具体的な時間を提示する

　クレーム対応の解決策については、状況を確認してみないとお客様に具体的な解決策を提示できない場合があります。

　その際にお客様にこれ以上お叱りを受けたくないと考え、「すぐに調べましてご連絡いたします」や「大至急、対応いたします」と、伝えてしまう対応者がいます。迅速に行動する意思を明確にすることは悪くないことですが、実はこの**「すぐに」「大至急」という言葉は後になってトラブルを起こす大きな要因になることがあります。**
　なぜならこのような言葉は人の感覚によって大きな時間差が生まれる可能性があるからです。

　たとえば企業のコールセンターに問い合わせをした場合、オペレーターから「お客様、お調べしまして、すぐに折り返しお電話を差し上げます」と言われた場合、読者のあなたはどれぐらいの時間で折り返しの電話がかかってくると思いますか??
　「10分？」「30分??」、せっかちな人であれば、「5分」「3分」という方もいるかもしれません。

オペレーターは何気なく「すぐに」という言葉をつかってしまったものの状況によっては、調べるのに1時間もかかってしまうことがあるかもしれません。

1時間後、問い合わせ内容に対しての回答の電話を差し上げたとしたら、どうなるでしょう。

「おい、一体何時間待たせるんだ！　ふざけるな！」とお客様からお叱りを受けてしまうのではないでしょうか。

日本社会はスピーディで便利な世の中になりましたが、その弊害として待てない日本人を増やしました。それに従って待ち時間のクレームも急増しています。

とくにクレーム対応の場合はお客様に時間をいただく際は慎重にしていかないと大きなトラブルに発展します。「すぐに」「大至急」という言葉を使うのではなく、「1時間後にご連絡したく存じますが、ご都合はいかがでしょうか」「明日の15時までにご連絡いたしますが、お時間をいただけますか」と具体的な時間の提示をするようにしましょう。

> [!NOTE] クレームの心理
> 「すぐに」「大至急」「のちほど」「しばらく」という言葉は、受け手によって感覚が違うのでNG。

> [!NOTE] 具体的行動
> 必要以上のトラブルを避けるために、「1時間後」など、時間を明確に伝えよう。

040　解決策提案のNG対応①

たらい回しにすると、お客様の怒りは増大する

　最初からお客様が激怒した状態で感情的にクレームを言ってきた場合、"たらい回し"にされたことが原因で激怒していることがほとんどだと思います。

　「自分の部署ではわかりません」「こちらは窓口ではありませんので……」と拒絶の対応を受け、お客様は怒りを募らせているということです。

　市役所・区役所の行政からのクレーム対応研修の依頼を受けた際、「よくあるクレームにどんなことがありますか？」と質問すると、「住民が最初から激怒していて一方的にクレームを言ってきます」という回答が少なくありません。
　世間で"お役所仕事"と嫌味を言われてしまう最大の理由、「私は担当ではないのでわからない」と、当たり前のように言ってしまう仕事のやり方がお客様の怒りを増大させています。

　仮に自分の部署とは関係のない問い合わせにはどう対応すれば良いのか。「わからない」という言葉はお客様対応に関しては

NGワードです。クレームと同じで、お客様は"お困りである"と考え親身になってご相談に乗ることが重要だと思います。自分が「わからない」と言ってしまった時点で次に電話を受ける人が感情的なクレームを受けてしまうという想像力を働かせてもらいたいのです。

　アメリカの大人気の靴屋さんの話です。電話番号を間違えてピザの配達を注文してきたお客様のために、代わりにピザ屋に配達の注文をしてあげたという神対応をやってのけた話は有名です。
　自慢ではありませんが、私もお客様相談室時代、お客様の勘違いで同業他社のクレームを受けたことがありました。お客様も途中で勘違いに気付かれたようですが、私は最後まで話を聴いて、「これは業界全体の課題だと思います」と伝えたことで、お客様から感動され、「今後はあなたからしか商品を買わない」と言われたことがあります（笑）。
　目の前のお客様のためにできることを全力でやることが大切だと考えています。

クレームの心理
　お客様はたらい回しにされると、「困っている」という気持ちが相手に受け止められていない気がしてくる。

具体的行動
　自分以外がクレームを受けないために、お客様の気持ちに共感を示すことを考えよう。

041 解決策提案のNG対応②

規則を盾に説明すると、かえって反発したくなる

　法律や会社のルールを盾にお客様を説得しようとしてもお客様は怒り続けます。そして、クレームが大きくなる要因になります。

「お客様、個人を特定できる書類がないと、申請は受けられません」と伝えたところで、お客様からは「お前らが勝手に作ったルールを押し付けるな。そんなのは知らん！」と受け入れてはくれないでしょう。法律やルールをお客様にお守りいただくのは、大切なことですが、伝え方に気を付けないとお客様は押し付けられたと反発するようになります。

　では、どうすれば良いのか。それは、なぜそれをお願いするのか、**"背景"や"理由"を明確にすることが必要です。**

　今回でいけばなぜ、個人を特定できる書類が必要なのかをしっかり説明していないからお客様は事務的で誠意のない対応だと腹を立てるのです。個人を特定できる書類が必要なのは、「なりすましでの犯罪を防ぐために、皆様にご協力をいただいている」という事情が背景にあります。この部分をしっかり説明することで「そうか！　だから必要なのか」とお客様に納得していただくことが、最低限必要だと思います。

大阪の串カツ屋さんでは「ソースの二度漬け禁止」というルールをお客様に守ってもらっています。これは押し付けているのではなく、食べかけの串をソースにつけることで感染症になることを防ぎたいという衛生面と、ソースの味を変えてしまわないためという観点から禁止していることを明確に説明しています。だからお客様もそのルールに快く従うようにしてくれるのです。

クレームの多い病院とそうではない病院とでは、患者への説明の仕方で、接遇力に大きな差が付いています。

とくに待ち時間の問題では、「お呼びするまで待合室でお待ちください」と伝えることなら誰でもできます。どれぐらい待つのか、なぜ受付の順番通りに診察が受けられないのか等も説明できる病院は患者さんからのクチコミ評価が高く、クレームも起きません。相手の立場になれば、どう説明してもらえれば納得できるかをすぐに理解できるようになると思います。

クレームの心理
法律や会社のルールで決まっていると言われると、結論を押し付けられているようで嫌な気持ちになる。

具体的行動
ルールを言うだけでは納得してもらいにくいので、ルールができた背景をセットで伝えるようにしよう。

042　解決策提案のNG対応③

再発防止を約束すると、逆効果に働くこともある

　クレーム対応の解決策の常套句のひとつに「再発防止に努めます」があります。とくに店長や管理職の役職者はこの言葉を使い、その場を収めようとする傾向があります。

　「再発防止に努めます」という言葉は使って良いときとダメなときがあることを理解していただきたいです。
　使ってはいけない場面というのは、当然ですが何の対策案も立ててもいないのに伝えてしまう時です。
　スーパーで常連のお客様からレジの接客に関するクレームが入ります。「店長、従業員の教育がなってない！　商品を投げ捨てるようにレジ袋に入れられましたよ！」と言われた際の切り返しの言葉で「２度と同じことがないよう、再発防止に努めます」と伝えたところで、「テキトーなこと言うんじゃないよ！　まだその従業員に何も指導してないでしょ！」とさらに怒られ、店長に対してもお客様は不信感をもつようになるでしょう。

　再発防止について口にして良いときは、一通りお客様の話を聴いて、状況確認してからです。自分たちの仕事ぶりでどこに改善

第3章　失敗しない！クレーム対応法

点があったのかを明確にしてからです。

　今回の場合では、ご指摘を受けたレジの従業員に、お客様からご指摘があったことを伝えて状況をヒアリングすることです。従業員から「レジに列ができていたので、早く処理しようと、あわててレジ袋に商品を入れていました」という話が聴けたのなら「あわてなくも結構です。目の前のお客様に気持ち良くお買い物としていただくことを意識してください」と指導しましょう。その上で、後日お客様が来店された際に「お客様、先般はご指摘、ありがとうございました。従業員にも話を聴くことができ、同じことがないように指導することができました。引き続き、よろしくお願いいたします」と伝えることができれば、お客様も喜ばれるのではないでしょうか。

　やはり、クレームはお客様からのアドバイスです。仕事の改善のヒントを教えていただけているのです。本当に再発防止するために、クレームをきっかけに仕事のやり方を変えるようにすることで、お客様の笑顔を増やすことができるのです。

クレームの心理
　「再発防止に努めます」と言われても、自分は被害をこうむったという事実は変わらないので、真剣に取り組むところを見ないと納得できない。

具体的行動
　お客様の笑顔を増やすため、サービスを進化させるためにも再発防止に真剣に取り組もう。

043 お客様に提示すべき解決策

反省を示すことで、
収束できる問題もある

　クレーム対応でお客様に提示すべき解決策は、お客様の話をしっかり聴いていると自ずとわかるようになります。具体的には大きく分けて、2つのパターンがあります。

　1つ目は、問題を解決して差し上げる必要があるもの。
　2つ目は、一言、言いたかった。わかって欲しかったもの。

　1つ目は、商品に不備があった等、提供すべき商品やサービスが行き届かなかった場合です。この場合は商品を交換する対応やお客様の要望通りにやり直すパターンがあります。たとえば、通販で注文した商品が違うものが届いたときや、修理を依頼したスマホでまた同じ不具合が出たというときが想定されると思います。この場合はすぐに商品を交換することや再度修理を行い、お客様の不便の原因を取り除くことで解決を目指します。

　2つ目は、お客様が不満に感じたことを我慢できず、一言、言っておきたかった、こんな気持ちにさせられたと自分の気持ちをわかって欲しかった、というものです。

たとえば、温泉旅行であれば旅館のイメージが写真とは全然違った、エアコン修理であれば自宅にきた作業員が不親切で嫌な気持ちにさせられた、等があります。

この場合の解決策は、物理的な対応はできず過去の出来事に対して不快なお気持ちを与えてしまったことが、お客様のお怒りの原因となりますので、どれだけお客様に反省の気持ちを伝えるかが優先されるようになります。

「次回のサービス券をお渡しします」「従業員教育を徹底します」とだけ解決策を伝えても、「それだけで済まそうとするな」と、お客様はさらに怒りを募らせるでしょう。

一言、言いたかった場合のクレーム対応には具体的な解決策は存在しません。「ご期待に添えられず、私共も本当に残念でなりません。心よりお詫び申し上げます」「私共の仕事ぶりに気持ちの緩みがあったこと、お話をうかがって恥ずかしい気持ちでいっぱいです」と受け止め、反省の気持ちを伝えるようにしましょう。

そうすれば、「わかってくれたらそれでいいです。同じことがないようにしてもらえれば、それでいいので」とお客様から納得した話が出てくるものです。

クレームの心理
「一言、言いたかった」タイプのクレームは、気持ちを受け止めることが何よりも大切。

具体的行動
過去の出来事へのご不満については、お客様の気持ちを受容して反省の言葉を伝えるようにしよう。

044 お客様が解決策を受け入れてくれない理由

解決策を押し付けると、要望とズレることがある

　クレーム対応の解決策は最終的にお客様に受け入れていただく、ご納得いただくことがとても大切です。

　解決策として「社内で共有し業務改善を検討いたします」「すぐに正しい商品をお届けいたします」という解決策を提示するだけでは不十分です。「今回の件、ご了承いただけますでしょうか」「こちらの対応で宜しいでしょうか」という言葉も必ずお伝えして、お客様から了承を得るようにしてください。

　お客様からの「わかりました」「そうするようにしてください」と了承を得ることなしに対応を終わろうとすると、後になって「対応がとても事務的で親身なものではなかった」と、違う部署やお客様相談室に再度クレームが入ることがよくあります。

　人気のスイーツの通販サイトに主婦のお客様から「注文したジャンボシュークリームが1個足りなかった」というクレームがメールで入りました。メール対応者が「ご迷惑をおかけしました。現金書留にてご返金、もしくは商品をお送りします」と返信し、大きなクレームに発展したことがありました。

メールの文面だけではお客様のお困りごとがわかりにくいかもしれません。**過去にも同様のクレーム対応の経験があると、今までと同じ対応をしてしまいがちです。**
　実はこのお客様の解決策の要望は「義理の母に私が注文の個数を間違えたのではないことを証明して欲しい」ということでした。

　クレームの背景はこうでした。同居する義理の母親から、友人3人が家に遊びにくるので、いつも頼んでいるシュークリームをみんなで楽しみたいという話になり、このお客様が4個を注文したにもかかわらず、シュークリームは3個しかなく、義理の母親から「あなたホント使えないわね」と嫌味を言われて、肩身の狭い想いをしているということだったのです。
　メール対応では、こちらの判断で解決策を押し付けてしまうような対応になることがあります。今回でいけば、お詫びの手紙として「こちらの不手際でした」という内容を書面にて送付することで、このお客様の立場を守るということができると思います。解決策の了承を得ることは徹底するようにしてください。

クレームの心理
　過去のクレーム体験を重視すると、解決策をお客様に押し付けてしまうことがある。

具体的行動
　お客様を「説得」しようとするのではなく、了承を得て「納得」を得ることを目指そう。

045 クレーム対応のクロージング法

感謝の言葉で締めると、クレームはアドバイスになる

　クレーム対応を締めくくる際には、どんな言葉をお客様に伝えているでしょうか？

　「この度は、誠に申し訳ございませんでした」とお詫びの言葉で電話を終えたり、お客様のもとを離れたりしてはいないでしょうか。**実は、クレーム対応のクロージングにお詫びの言葉を使用することはNG対応なのです。**

　クレーム対応は、初期対応に失敗しないために、最初は必ずお詫びの言葉から始めることが鉄則だとお伝えしてきましたが、最後はお詫びの言葉ではなく"感謝の言葉"を投げかけるようにしてもらいたいのです。

■クレーム対応の最後にお客様に伝える感謝の言葉

　「私共の至らない点を教えてくださり、誠にありがとうございます」

　「今回ご指摘いただいたことで、気付くことがたくさんありました。お電話いただき、本当にありがとうございました」

　「教えていただいたことで、今まで他のお客様にも同じように

ご迷惑をおかけしていたのではないかと気付くことができました。ご指摘ありがとうございます」

 このように、お客様からのご指摘内容で自分たちの仕事のやり方にはまだまだ至らない点があったということをしっかり言葉にするようにしましょう。
 クレーム対応の上級者たちは、クレーム対応するときは、最後に必ず感謝の言葉で終えるというイメージをもって対応しています。そういう心構えで臨むと、お客様の怒りを笑顔に変えられることを知っているのです。

 なぜ、お詫びの言葉ではなく、感謝の言葉でクレーム対応を終えるようにするのか。それは、**お詫びで終えると、「クレームを言ってきたお客様」扱いのままですが、感謝の言葉を伝えることによって、"アドバイス"してくれたお客様に変えることができるからです。**感謝の言葉を耳にしたお客様は、クレームをちゃんと受けとめる信頼できる会社だと考えるようになり、良いクチコミを広めてくれるありがたいお客様にもなってくれるでしょう。

クレームの心理
 お詫びの言葉で終えられると、お客様はクレーマー扱いされた気持ちになってしまう。

具体的行動
 お客様の怒りを笑顔に変えるために、クレームを言ってくださったことに感謝の意を示して対応を終えよう。

046 クレーム対応マニュアルの重要性

マニュアルがないと、
対応を体系化できない

　クレーム対応はその場限りの処理するのではなく、順序立てして体系的にお客様とコミュニケーションを取ることで失敗することはなくなります。

　この順序をクレームの対応マニュアルとして作成することで、組織の誰が担当しても同じ対応と同じゴールを迎えられる体制を整えておくことが必要です。

　クレーム対応にあたっては、自分がクレームを言う立場だったら、どうしてもらえたら心を癒されるのかを常に意識するようにしましょう。

　その上で、対応の順序としては以下になります。最初にお客様の気持ちに寄り添うお詫びの言葉を投げかけることで、冷静になってもらい、対立関係から対話ができる状態にしていきます。

　お客様の話はメモを取りながら、しっかり聴きましょう。お客様の言葉に理解を示しながら受け止めるようにします。そうすることで、お客様はどんどん落ち着いてゆっくり話をしてくれるようにもなります。

　解決策を急ぐ必要はありません。お客様がクレームを言う背景

や事情を汲み取ることができてから、「お話、よく理解できました」と伝えることで、お客様の良き理解者としてのスタンスを明確にして解決策を出すのです。

お客様にして差し上げることができる解決策は、お客様にこちらから話をして良いかの了承を得てから提示します。解決策は押し付けるのではなく、提示内容でご納得いただけるかを必ず確認するようにします。

お客様が解決策を受け入れてくれたなら、クレーム対応の最後はお客様がクレームを言ってくれたことに対して感謝の気持ちを伝えるようにします。この順序で対応ができるとお客様の怒りは笑顔に変えられますので、対応マニュアルとして作成しましょう。

クレーム対応のゴールは、「クレームを言って良かった」と思ってもらえることです。嫌な思いはしたけれど、ちゃんと受け止めてもらえたと思ってもらい、次もご利用いただけるファンになってもらうことです。クレーム対応はピンチではなく、お客様との絆を強くするチャンスという前向きな接客機会と考え、対応マニュアルを組織で浸透させるようにしてください。

クレームの心理
マニュアルを作成して対応方針や手順を体系化しておくことで、現場は安心することができ、クレームから逃げることなく取り組むようになる。

具体的行動
全員が同じ対応ができるようにするため、クレーム対応マニュアルは必ず用意しておこう。

第 4 章

ワンランクUP！
クレーム対応の上級テクニック

047 クレームメールへの返信のポイント

急いで返信すると、
誤字を見逃すことがある

　昨今はメールでのクレーム対応をする機会がとても増えています。顔の見えない状態は電話対応と同じですが、対話ができるわけではありませんので、しっかりとした間違いのない返信文をお送りすることが重要になってきます。

　こちらが書く内容によってはお客様の怒りを笑顔に変えることができる一方で、的確な返信文を作成しないとさらに怒らせてしまうこともあります。

　クレームメールの返信文で私がもっとも気をつけてもらいたいと思っていることは、文章の内容が事務的で不親切な内容にならないようにすることです。

　こちらは丁寧な表現を使っているつもりでも、お客様からは「冷たい感じ」「気持ちがこもっていない」と悪い印象を与えてしまう場合が本当によくあります。

　では、どうすれば良いのか。おススメなのは、**パソコン画面上で黙読するだけではなく、一度紙に出力して声に出して読むこと**です。

画面上で黙読していたときには丁寧な表現で作成できたと思っても「何か事務的で不親切かも」ということに自分で気付くことも少なくありません。

　とくに、自分たちが言いたいことばかり伝えているなど、お客様の気持ちに寄り添うような表現がひとつもないということなどにも気付けるようになります。

　さらに良い返信文を作成するには、**自分以外の同僚や上司にも紙に出力した返信文をチェックしてもらうようにもしましょう。**「こういう表現を入れてみたらさらにお客様に伝わる」等のアドバイスを受けることができます。また、思わぬ誤字・脱字が見つかることもあるので是非、周囲の協力も得てから正確な返信文をお客様にお送りするようにしてください。

　最近はパソコンの変換ミスによる誤字でお客様を怒らせることも多く、「今後ともよろぴくお願い申し上げます」「次回、ご利用いただける汚職事件（お食事券）をお送りさせていただきます」といった文面を送ってしまったケースもありました（笑）。

クレームの心理
　謝罪メールが推敲されていないと、かえっていい加減な印象を与えてしまう。

具体的行動
　メールを受け取る側の気持ちになるために、返信文は必ず声に出して読もう。

048 理解不能なクレームメールへの対応法

理解不能なメールがきたら、電話対応に切り替える

　クレームメール対応で必要なのが、お客様のクレーム文面に書かれた内容を読み解くスキルです。「お客様に一体何があったのか？」「どんな気持ちになったのだろうか？」「私たちに何を求めていらっしゃるのだろうか？」こういうことを送られてきた内容からくみ取って返信する必要があります。

　ただ、残念ながらお客様は一体どうしたいのか、何度読んでも理解できないメールが送られてくるケースもあります。その場合には、想像力を働かせてお客様のために寄り添う返信文を送ることよりも、電話対応に切り替えるようにしてください。

　たとえば「バカヤロー！　コノヤロー」のような暴言だらけの意味が不明な内容が仮に送られてきたとしましょう。このケースであれば、このように返信します。

■理解不能なメールへの返信文例
〈1．共感〉
　この度は私共の商品をご利用くださり、誠にありがとうござい

ます。商品にご満足いただけない点が多々あったようで心苦しい限りです。頂戴したメール文面からお客様がいかにお怒りのお気持ちであるかが、大変伝わって参りました。

〈2．対応切替〉

つきましては、もう少し詳しくお話をおうかがいしたく存じますので、お客様のご連絡先をご教示いただけませんでしょうか。私、担当○○よりお客様のご都合の良い時間にお電話を差し上げるようにいたします。

〈3．お詫びとお願い〉

お手数をおかけいたしますこと重ねてお詫び申し上げます。ご連絡、お待ちしております。

このように、お詫びと共感の言葉を駆使しながら、お客様からの電話連絡先を確認し、**メールから電話対応に切り替える方法が有効です**。深夜に酔っぱらってクレームメールを送ってきたお客様だと、昼間にはすでに落ち着いていて電話では冷静に対話ができるようになっていることが少なくありません。

クレームの心理
理解不能なメールを送ってきたお客様は、気持ちの整理がついていないことが多い。

具体的行動
お客様のご要望を決め付けるとトラブルのもとなので、お詫びと共感の言葉を使ったメールを送り、電話対応に切り替える方向にもっていく。

049 クレームメールの効果的な返信方法

名前を文中に何度も入れると、より心に響きやすくなる

　クレームメール対応で極力避けたいことは、何度もお客様とメールのやりとりをすることです。

　何度もメールのやりとりをすることはお互いにとってストレスになり、たくさんの時間も費やしてしまいます。
　クレームメール対応では1回の返信で終了する良質なメール返信文を作成できるようになることがとても大切です。
　クレームメール対応では、電話や対面同様に、自分がクレームを伝えた立場であればどのような返信があれば嬉しい気持ちになるかを意識して返信するようにしましょう。
　1回の返信で対応が完了するために必要な「5つのポイント」を取り入れたメール返信文例を下記にご紹介します。

■**クレームメールの返信例**
〈1．お詫び〉
　長年にわたりご利用いただきながら今回の当社の対応で〇〇様が大変ご不快な思いをされたこと、心よりお詫び申し上げます。
〈2．共感〉

私共を信頼してご契約いただいているのもかかわらず、〇〇様が深く落胆されたことを想像しますと、心苦しい限りです。
〈３．原因究明〉
　今回の原因としましては、〇〇様より以前からご指摘いただいた内容を社内共有ができていなかったことが全てでございます。弁解の余地もございません。
〈４．解決策の提示（今後の対応)〉
　私共に気持ちの緩みがあったと深く反省し、〇〇様の失った信頼を取り戻すべく、社内共有と業務改善の徹底していく所存です。
〈５．感謝の言葉〉
　この度は〇〇様にご不快な思いをお与えしましたこと、重ねてお詫びいたします。私共の至らない点を教えていただき、誠にありがとうございました。

　この返信例を見てわかるように**文中にお客様の名前をたくさん入れることで、よりお客様に伝わる文章になります**。是非参考にしてください。

クレームの心理
　クレームのメールを何度もやり取りしていると、お客様も対応する人も疲れてきてしまう。

具体的行動
　１回で返信を終えるために、メールに「お詫び」「共感」「原因究明」「解決策の提示」「感謝の言葉」の５つのポイントを入れるようにする。そのメールにはお客様の名前をたくさん入れる。

050 常連のお客様がクレームを言う理由

常連客がクレームを言うのは、長年の貢献を無視されたから

　常連のお客様から少し理不尽なご要望を頂くことがあり、その対応によってはクレームに発展してしまいます。

　ワインの販売店での出来事です。常連のお客様に商品をお渡しする際、とくにご要望がなかったので簡易包装でお渡ししようとしたところ「私をバカにしているのか！　ギフトラッピングを無料にして出せ！」と、クレームが発生したことがありました。
　接客対応していたのが新人のアルバイトの方だったのですが、少し理不尽とも取れる要求に感情的な態度をとってしまい「代金を頂戴しないと、ラッピングはできません！」と、突っぱねてしまったため、さらに大きなクレームに発展してしまいました。

　すぐ横にいた先輩の従業員が間に入り、お詫びして話を聴いたところ、お客様はこのような内容を伝えてきました。
「私はもう30年近くはここで買い物をしている。なのに店に入っても、挨拶がしっかりされない。前はそんなことなかった。包装についても以前は、どうするかの希望をちゃんと聴いてくれていたのに、最近はこちらが何も言わなければ簡易包装で渡され

る。前とは全然違う仕事ぶりに悲しい気持ちになった」

　いかがでしょうか。お客様の気持ちがとてもよくわかる話ですよね。店側はどのお客様にも同じ対応することが正しいと考えていても、長年利用しているお客様の立場からすれば、私は**常連**で長年、**売上に貢献している**という気持ちは少なからずあるのではないでしょうか。そのことを理解して大切に接して欲しかったというのがクレームになった原因だとわかると思います。

　もちろん、クレームにならないような接客ができれば良かったのですが、クレームを言われて初めてお客様と店側には認識の違いがあることに気付けることが少なくありません。

　今回の対応としては「長年ご愛顧をくださっているのに、嫌なお気持ちをお与えして申し訳ございませんでした。私共に対応が至らない点があり、お恥ずかしい限りです」と真摯にお詫びの言葉を投げかけてみてはどうでしょうか。

　「わかってくれたらそれでいい」と仰り、ラッピングを無料にしろということは言わなくなると思います。

クレームの心理
　常連のお客様の理不尽なクレームは、私を大切して欲しかったという気持ちからくることが多い。

具体的行動
　普段は頼もしい味方であるはずのお得意様がクレームを言う理由を知るために、しっかりと話を聴こう。

051 こちらに過失がない場合の対応の注意点

感情的な対応をすると、
気まずさだけが残ってしまう

　クレーム対応では、常に受ける側に落ち度があるとは限りません。お話をうかがった上で、こちらには過失がないと判断できることもあります。

　ここで気をつけないといけないのは、感情的になり、その気持ちが顔に出てしまうことです。一時の感情的な気持ちを言葉にしてしまい、お客様との関係がギクシャクすることになると、次にご利用いただく機会を失うことにもなりかねません。仕事をする上では、自分の感情よりもお客様の感情を尊重することの方が大切だと私は考えています。

　オフィスビルの管理をしている守衛室にこのオフィスビルに勤めている女性から電話でのクレームに「ちょっと！　さっきからオフィスのエアコンが寒いのよ！　何とかしなさいよ！」と、かなりお怒りのクレームが発生しました。
　実はこのビルのオフィスの温度は、全館同じ温度に設定されており、他のフロアからはとくに同じクレームは入っていません。
　とくにこちらには過失はないと思った電話対応者は「とくに他

からはそのような指摘はなかったですけど」と声だけでもムッとしているのがわかる、気遣いが感じられない対応をしてしまったところ、お客様をさらに怒らせてしまい、クレームが必要以上に長引いたようでした。

このようなこちらに過失がないようなケースこそ、お客様に気遣いを見せる対応を心掛けてもらいたいと思います。

まずは、「ご不便をおかけしているようですね。申し訳ございません」と謝罪をし、「室内全体が寒い状況ですか？ 風が直接当たっている状況ですか？」と状況を確認することもできると思います。その上で、もしも室内全体が寒いということがわかったとしたら、「寒いとお仕事に支障をきたしたりしますよね」と気遣いの言葉を投げかけることもできるのではないでしょうか。

温度設定は全館同じであることをお伝えした上で、温かい飲み物やブランケットで寒さをしのいでいただくことなどを提案して差し上げる対応をすれば、お客様も嫌な気持ちにならずご理解いただけるのではないかと思います。

クレームの心理
クレームを受ける側に過失や落ち度がないことを真正面から主張すると、クレームを言ってきたお客様は居心地が悪くなってしまうことがある。

具体的行動
お客様を嫌な気持ちにさせないために、過失がなくても話を聴いて提案できることを探そう。

052 何度も同じクレームを言われる場合の対応法

ポジティブな話をすると、お客様は安心する

　現場でクレーム対応をしている方の悩みのひとつに「何度も同じクレームを言われる。改善したほうが良いが、管理職でも何でもないので、社内の体制には口を出せないし、安易に仕事のやり方を変えるとお客様に伝えられないが、どうしたら良いのか」があると思います。

　ただお客様の話を聴くことしかできず、自分の力不足を感じるクレームだということはよく理解できます。
　とくに「待ち時間が長い」「在庫切れをなくせ」などのクレームについては、すぐに改善することが難しい場合も多く、常連のお客様からは「他の会社ではこんなサービスがあるのに、なぜおたくはこのサービスを導入しないの！」等、同業他社と比較して何度も同じクレームを言われることもあるかもしれません。
　その際にその場しのぎの対応で「貴重なご意見をいただきました。是非参考にさせていただきます」と昔からの常套句を使ったところで、また時間を置いてから、「この間の件、どうなりましたか」と言われて、状況が変わっていないことを伝えることで、また怒られるのは目に見えています。

そこでこのようなクレームに対しては、オススメの方法がありますので、お伝えします。このように切り返すようにしましょう。

「実は、お客様からのご指摘内容につきましては、改善に向けた体制を整えることは現在のところ、準備できておりません。誠に心苦しい限りです」と、正直なことを伝え、お詫びします。

その上で、「私共は現在、(…)の部分につきましてのサービス改善を優先的に進めております。今後お客様のお役に立てると考えております」と伝えます。

これは、**お客様のご指摘には対応できていないが他の部分でサービスを強化しているとポジティブな内容に論点を変える方法**です。お客様の期待に完璧に応えられる企業は世の中に存在しません。だからこそ、自分たちの強みや改善している部分にフォーカスしてお客様に喜んでいただける情報を自らが発信する対応を心掛けてみてください。

自分は管理職ではないからと嘆くのではなく、お客様を笑顔にする話ができるようになることが大切だと思います。

クレームの心理
できないことにばかり目を向けていると気持ちが辛くなってくるので、できることにも目を向けよう。

具体的行動
お客様に安心してもらうため、ご指摘に対応できないことお詫びした上で、優先して改善している所、自社の強みの部分に視点を変えて話そう。

053 責任者を出すよう求められたときの対応法

「上を出せ！」と言われたら、それには触れずに謝罪する

　クレーム対応の場面で、「上を出せ！」「責任者を出せ！」「社長を出せ！」と店に乗り込まれて言われたり、電話の冒頭でこう言われたりして困ってしまうことがあると思います。

　当然ですがこの際のNG対応としては「責任者は外出しております」と、伝えてしまうことです。もちろん不在の場合もあると思いますが、こう伝えたところで「じゃぁ携帯に今すぐ連絡を取れ！」と、お客様は強硬姿勢に出てくるようになります。
　最近では「この件につきましては私が責任者です」と伝えて、自分が対応しますと伝えるようにと指導している企業が少なくないのですが、私はこれもNG対応だと思っています。

　お客様は頑なに責任者を出さないという企業の姿勢に腹を立てて「いや、だからお前なんかではダメだ！　責任者を出せよ！」と、上を出す出さないに話が進んでいき、お客様がなぜ、怒っているのかが一向にわからないケースがよく起きています。

　私が推奨するこの場合の切り返し話法は、「限定付き謝罪」と

「話を聴く姿勢を見せる」ことです。

たとえば、「店長出してちょうだい!」と言われたのなら、「私共の対応でご満足いただけない点がありましたようで、申し訳ございません。どのようなことがございましたか。話を聴かせてください」「ご不便をおかけしたようで申し訳ございません。私、○○と申します。お客様のお話、メモも取らせていただき、上席の者にも伝えるようにいたします」等の対応を心掛けてください。**上を出す出さないにはこちらから一切触れず、クレーム対応の初期対応に失敗しないための基本対応である謝罪の言葉から入ることで、冷静になってもらうことが大切です。**

上席の人間を出すにしても、お客様が少し冷静な状態になっていただくことをしてから引き継ぐ方法が良いと思います。

そもそもクレーム対応とはお客様に言われた対応者を出すのではなく、自分たちが主導権をもって、自分たちのやり方で対応すれば良いのです。私の知っている企業では上を出すと絶対揉めるから頑なに現場の方で対応が終わるようにしているところもあります(笑)。

クレームの心理
責任者を出さないでいると、お客様は責任者を出させることで頭が一杯になってしまうことがある。

具体的行動
初期対応に失敗しないために、「上を出せ!」と言われても、そのことには触れずにお詫びから始めよう。

054　激高されているお客様へのあいづち方法

「心配」「不安」を使うと、反省の気持ちが伝わりやすい

　興奮状態で感情的になっているお客様には冷静になっていただかないとクレーム対応はうまくいきません。ゆっくり対話できる状態にもっていく必要があります。

　とくになかなか興奮状態が収まらない場合は、こちらも恐怖心が出てきますし、悪質クレーマーではないだろうかという不安な気持ちにもなってきます。
　しかし、恐怖心や不安な気持ちをもっているのは、お客様も同じなのです。

　お客様はクレームを言ってくるのは、解決して欲しい以上にわかって欲しいからなのです。
　実は興奮状態のお客様はそれだけ大変なことが起き、「こんな心配をさせられた」「とても不安な気持ちだった」ということを、対応者のあなたに理解して欲しかったのです。
　これはクレーム対応ではなく、身近な家族とのコミュニケーションでも同じことだと思います。
　私の経験談ですが、予定の時間に帰宅してこない子供が遅く

なって何事もなかったように家に帰ってきたときに子供のことをすごく叱ったことがありました。これは、"帰りが遅かった"ことより、何か事故にでもあったのではないかと**"心配させられた""不安だった"**という気持ちが一番の怒りのポイントでした。

　クレーム対応のシーンであれば「明日、利用したい商品を通販で購入したが、予定の時間になっても商品が到着しない」、この場合のお客様は「もし商品が届かなかったら、どうしよう……」と、心配や不安な気持ちにさせられます。
　にもかかわらず、遅れて商品を届けにきた配達員が「遅くなりました」の一言もなく、普通に商品を届けてしまうと大クレームに発展してしまいます。
　この場合は「時間通りにお届けできず、ご心配おかけしまして申し訳ございません」「私の不手際でご不安なお気持ちを与えてしまいました」とお詫びや反省の言葉を伝えるようにしましょう。お客様の最大のお怒りポイントの気持ちに触れた言葉を使用することで、お客様は少しずつ冷静さを取り戻すようになります。

クレームの心理
　激高しているお客様はそれだけ、不安な気持ちになって、大変な思いをしたということをわかって欲しいのである。

具体的行動
　お客様の気持ちに寄り添うために、「ご不安なお気持ちでいらしたことよく理解できました」という言葉を使おう。

055 言いづらいことを伝えるときの技術

断りの表現で終えずに、謝罪の言葉で締めくくる

　お客様のクレーム内容を確認したところ、ご要望に添えることができないケースやお断りをしないといけないケースがあります。

　こんな場合には、いかにこちらが申し訳ない気持ちでいるかと、お客様に対して配慮ある言葉を使用するかでお客様が受け入れてくれる可能性が大きく変わってきます。このような言葉を「クッション言葉」と呼ぶことにしましょう。

■お客様に気遣いを見せるクッション言葉
「誠に恐れ入ります」「大変恐縮でございますが」
「あいにくですが」「もしよろしければ」
「誠に申し上げにくいことですが」
「ご面倒をおかけしてしまうのですが」
「お力になれず残念なのですが」
「社内でしっかり検討したのですが」
「ぶしつけなお願いとなるのですが」
「お手数をおかけしてしまうのですが」
「これは、○○様にご相談になるのですが」

このような言葉はとくに対面・電話対応では反応で出てくるように日頃から準備しておくようにしておいてください。

とくに返金・返品のご要望に添えられない場合や「家に謝りに来い」等のハードクレームの際にお断りする際には、知っておくべき切り返しの言葉となります。

クッション言葉を伝えた上で、実際にお断りする場合の表現として気を付けておきたい言い回しとして後ろ向きな言葉で終わらないようにすることも重要です。

NG対応「申し訳ありませんが、ご返金の対応はいたしかねます」
OK対応「ご返金の対応はいたしかねます。大変申し訳ございません」

というように、**断りの表現で終わるのではなく、ご要望に添えられず残念でならないという謝罪の言葉を使うことで、お客様に受け入れてもらうよう最大限に配慮する**ことを実践しましょう。言葉の順番によって大きく印象が変わってきます。

クレームの心理
締めくくりの言葉が断りと謝罪とでは、与える印象が大きく異なる。

具体的行動
お客様に受け入れてもらうために、「クッション言葉」で申し訳ないという気持ちを伝えるようにしよう。

056 お客様に反論するときの切り返し話法

長めのクッション言葉で、受け入れてもらいやすくなる

　お客様の話を聴いて現場の状況確認をしたものの、こちらに非がない場合があります。

　「見ていない」「聞かされてない」や「不良品だ」と言われたものの、実際は案内していた、不良品ではなかった場合は、どのように切り返せば良いのでしょうか。

　この際は当然ですが、「いや、ちゃんとお伝えしたハズですよ」「私どもにミスはありません」とすぐにこちらの正当性を主張したり、お客様の話を遮ったりしてしまうと、「何だその態度は！」と、クレームの矢印が対応者のあなたに向かってくることはおわかりいただけると思います。
　クレームの矢印が自分に向けられると、つい感情的な態度になり、「しかしですね」「いや、だからさっきも言いましたけど」「じゃあどうしろと言うのですか」というような言葉が口から出てきてしまいます。こうなると人を代えない限りこのクレーム対応が円満解決することはありません。

クレーム対応では、お客様のことを否定するような言葉で反発してはいけませんが、お客様とは違う見解を述べないといけない場面で反論することには何の問題もありません。

ただ、反論する場合にもっとも重要なのは、お客様がこちらの話に聴く耳をもってもらう状況にもっていくことです。

お客様に反論する場合の一番の切り返しの言葉として、このような言い回しをおススメしています。

「お客様がご気分を害されるのではないかと思い、申し上げるべきがどうか、すごく迷ったのですが……」「お客様にどうお伝えするべきか、なかなか言葉が浮かんでこなかったのですが、実は……」と、このような言葉をつかうようにしましょう。

この言い回しが良い理由は、お客様の気持ちに配慮していることが伝わってくることと、**この言い回しの後には、反論の言葉が出てくることが、誰にでも理解できる**ことです。お客様に反論が来る心の準備をしてもらえる表現であるため、お客様が聴く耳をもちやすいという利点があるということです。

クレームの心理
お客様は長めのクッション言葉を聴くと気持ちが和らぎ、またこれから反論が来ることがわかるのでお怒りでも冷静になることが多い。

具体的行動
こちらに非がないときにこそ、お客様への配慮が伝わるクッション言葉を使って対応しよう。

057 思い込み・勘違いの切り返し話法

指摘後に反省を入れると、恥をかかせずに済む

　クレーム対応でこちらに非がなくお客様に反論しないといけない場面のほとんどがお客様の思い込み・勘違いでのクレームだと思います。しかし、かなりのお怒り状態で大きな声を出してくるお客様に対しては、勢いに押されて反論することが難しく感じる方も少なくないでしょう。

　この場面で、これ以上クレームを大きくしたくないと考え、「私共の対応が十分ではありませんでした」と、こちらに非があるようにし、何とか許してもらおうとする対応者がいます。

　一見、良さそうに思えますが、お客様から「じゃあ、どう責任を取る」とさらに強硬な姿勢で攻め立てられることが少なくありません。

　思い込み・勘違いのクレームに対しては、長年対応法を研究してきましたが、やり方はひとつしかないということに気付きました。それは、自分たちの対応が十分ではなかったことと、お客様も勘違いしていたということも伝えるという方法です。

　ただ、伝える順番がとても重要なのですが、先に①お客様の勘違い部分を指摘し、その後に②自分たちの対応が十分ではなかっ

たと反省点を伝えるようにしてください。

■思い込み・勘違いのクレームへの切り返し話法
　食品の賞味期限を伝えていたにもかかわらず「賞味期限が切れていた。何も聴かされなかった」というクレームの場合：

〈１．勘違いの部分の指摘〉
　お客様、実はこちらの商品をお買い上げの際、私共はどのお客様にも賞味期限日をお伝えするようにしておりました。
〈２．反省点〉
　ただ、今回のお話を受けて、私共がもう少ししっかりとお客様にご理解いただくまで案内をする必要があるということに気付きました。この点につきましては私共の反省点であると考えてございます。

　このように伝えることでお客様が勘違いしていたが、こちらの対応も充分ではなかったという状況をつくることができ、お客様に恥をかかせることなく円満に終えることができます。

クレームの心理
　お客様の落ち度の指摘で終わると、気まずさが残ってしまう。

具体的行動
　勘違いの指摘だけではなく、自分たちの対応不備についても反省することでお互い様の関係にしよう。

058 過大要求のクレームの対応法

「できること」を提案すると、お客様との絆を強化できる

　クレーム対応の場面でお客様が無理難題を言ってくることは、よくあります。とくにこちらに非がないような場合は「変なお客様だ」と決めつけて一方的に断る対応に終始する企業が少なくありません。

　リフォーム会社での事例です。お風呂のリフォーム工事を3か月前に施工したお客様から「床が黒ずんできたが、不良工事だったのではないか。」というクレームが入りました。当然、3か月も使用すると定期的に清掃をしていただかないとそのような状態になるのは常識だと考えますが、このお客様の要求は「無料で床の貼り直しをして欲しい」でした。

　これはかなりの過大要求であり、受け入れることはできません。この場合での対応の考え方としては、「恐れ入ります。残念ながらお客様のご要望に添うことができません。誠に申し訳ございません」とお断りをする方法がありますが、プロとしてお客様のために何かできるのではないかと考える良い機会として捉えることもできます。

たとえば、「不良工事ではないか」というお客様の不安を取り除いて差し上げるために、現場を見に行くことはできると思います。その上で、不良工事ではなかった場合、「不良工事ではありませんでした。」とこちらの正当性を主張するだけでなく、床の黒ずみを簡単に取り除ける洗剤や掃除の仕方をお客様に情報として提供して差し上げることはできるのではないでしょうか。

　私の取引先でもあるこのリフォーム会社は工事を受注することよりも、工事終了後のクレーム対応含めたアフターフォローに多くの力を入れています。**実際に「できない」と伝えるだけでなく、「できること」を一生懸命探し、お客様に提案することでお客様の信頼を勝ち得て、追加工事のご依頼や新規のお客様を紹介していただくことも少なくないようです。**

　クレーム対応では、お客様の要望を100％受け入れることはほとんどありません。だからこそ、過大要求と思うようなクレームでも、拒否の気持ちをいったん置いておき、じっくりお客様と向き合うことで絆を強くできることもあると考えるようにしてください。

クレームの心理
　お客様が過大要求をしてしまうのは、困りごとがあるものの自分では測り切れないからということもあるので、新規の仕事の可能性を考えるようにしよう。

具体的行動
　過大要求のクレームにも否定から入らず、何かできることはないかを探すようにしよう。

059 「金返せ！」と言われたときの判断基準

契約通りであるならば、
お金を返す必要はない

　サービス業・接客業のクレーム対応研修にうかがうと、質疑応答でよく出てくるものに"お客様からの返金要求"に対しての質問があります。

　「買った商品が壊れていた」「ネットに書いてある内容と違う」「商品が気に入らない」「思っていたのと違った」と言われた場合には返金対応はどうすれば良いかというものです。

　結論から申し上げると、**"契約通りかどうか"を判断基準にしていただけたらと思います。** お客様に約束したサービスをしっかり提供できたかどうかで返金対応の判断をすれば良いのです。

　事例として、「買った商品が壊れていた」という場合であれば、現物を拝見し、商品に不備があったのなら契約通りではないので、返金のご要望があれば対応する必要があります。

　また「ネットに書いてある内容と違う」というケース、たとえば、ネットで申し込んだ温泉旅館のプランに「露天風呂付部屋プラン」と記載があったにもかかわらず、露天風呂がボイラー故障で使用できなかった場合は、返金の対象となります。

反対に「商品が気に入らない」という場合は、こちらに非がなくお客様の主観である気持ちの問題のため、返金対応は不可の判断をすることが正しくなります。

同じく「思っていたのと違った」のケースは、たとえば美容サロンで数日前にお越しになられたお客様から電話で「カラーが思っていたのと違った」と言われたのなら、返金するのではなく、追加料金をいただいて、お直しの対応をする旨をお客様に伝える対応で十分だと思います。

目の前に現れたお客様が、かなりお怒り状態で「金返せ！」と大声で言われると、金銭要求の悪質クレーマーではないかと、一瞬身構えてしまいますが、この場面こそ契約通りか否かを冷静に判断をすれば良いのです。

先程の美容サロンの対応のように、仮に返金の対応はできなくても「このような方法があります」と、プロとして提案して差し上げるほうが、お客様との関係も良くなりますので、臆することなく提案対応をするようにしてください。

クレームの心理
お客様の「思っていたのと違う」という気持ちに寄り添いつつプロとして次の提案をすると、関係も良好になる。

具体的行動
お客様の勢いに押されて返金してしまわずに、契約通りかを客観視して判断しよう。

060 ゴネるお客様の対応法

ゴネてもムダと気付くと、ゴネるのをやめる

　クレームを受けて困るものに、ゴネるお客様の対応があります。何度も同じことを伝えてきて、自分の要求をゴリ押しするお客様が世の中には存在します。

　この場面に遭遇した際にもっともしてはいけないことは、ゴネられることにストレスを感じ、相手の要求を渋々受け入れてしまうことです。

　ゴネ得を許すのは、クレーム対応でもっともやってはいけない対応のひとつです。これは断言します。

　少しの金額だからこれぐらいは仕方ないと考え、相手の要求通りの返金対応をすることなどは避けるようにしてください。

　実はゴネ得を許さないためには、お客様の要求は受け入れられない、こちらの結論は変わらないということを根気よく丁寧に伝えることしか方法はありません。効果的な方法として「**過去からのお客様対応事例**」を盾にして伝えることがあります。

　たとえば、「産直通販で注文したリンゴが硬くて美味しくなかった。返金して欲しい」という理不尽なクレームがあり、「開

封後の商品は返品・返金をお断りしています」と伝えても納得されないケースがあったとしましょう。残念ながらこの場合、同じことを何度伝えたところで、クレーム対応が長引くだけです。

　このケースは話の論点をあえて変え、過去から同じ指摘を受けてことを伝えます。たとえば、「実は、以前よりリンゴの食感につきましてはご指摘があったのですが、商品説明欄に当社のリンゴは、硬めの果肉で後味がさっぱりしているのが特徴と記載してございます」と伝え、さらに「残念ながら過去からどのお客様にもこのケースのご返金・返品の対応はお断りをしております。お客様のお役に立てず心苦しい限りです」と、伝えてみましょう。

　ゴネるお客様の最大の特徴は、ゴネて押し通せば、自分の思い通りになると考えています。ただ、今回のように返金できない根拠として過去からどのお客様にも同じ対応で統一していることを伝えることで、ゴネても結論は変わらないことを理解するようになります。結論が変わらないとわかると、時間の無駄だと考えてあっさりと「それだったらもういい」と自分から対応を終わらせようとします。

クレームの心理
　ゴネ得を一度許してしまうと、次も許してもらおうと思うお客様が出てきてしまう。

具体的行動
　ゴネ得を許さないために、明確な根拠と過去の対応事例を盾に説明しよう。

061 自分の名前を名乗らないお客様の対応法

匿名のクレームは、対応しなくて良い

　最近よくあるご相談のひとつに、電話でのクレームで名前を名乗らないお客様への対応があります。

　たとえば、マンションの住人同士のトラブルで、一方の住人がマンションの管理会社に「あの部屋から異臭がするので退去させろ！」と言ってくることや、家電量販店のお客様相談室に、「販売員から押し売りされるようなセールスを受けた！　クビにして欲しい」というクレームを自分の名前を名乗らずにしてくるケース等があります。

　自分が言ったことをクレーム相手に知られたくないという気持ちがあるのだと思いますが、名乗らないお客様のクレームからは、理不尽な要求が出てくることが少なくありません。

　この場合の対応法としては「**お客様のお名前を教えていただけますでしょうか**」と必ず身分を明かしてもらうようにしましょう。なぜなら信ぴょう性がないからです。

　企業の電話窓口やお客様相談室は、お客様のストレスのはけ口ではありません。「いつ・どこで」、「何があったのか」「どうして

欲しいのか」はお客様のお名前とご連絡先をうかがった上で対応するべきです。もし、「教えたくない」とおっしゃるのであれば「申し訳ございません。当社はお客様のお申し出を受けて現場を確認し、今後の対応をどうするかをお客様にもお伝えするようにしております。」と伝えるようにしてください。

私の経験からの話ですが、**名乗らずにクレームを言うお客様の話は長くなります。**なぜなら自分の身分がバレないので、あることないこと言いたい放題状態になるからです。ツイッターで自分の名前を出さずに悪口を書いてくる投稿やコメントと同じです。企業にとっては聴く耳をもつ話ではないと判断して良いと思います。

もし、それでも「なぜ、名前を言わないといけない」と言われたら堂々巡りになりますので、「お客様から当社へのご意見をいただく際の『ご要望シート』をメールかFAXにてお送りしますので、ご返信をお願いできますでしょうか」と伝えて、名乗らないお客様とは電話では対応しない旨を全面に出してみる方法があると思います。是非、参考にしてみてください。

クレームの心理
クレーム時に名前を名乗らないのは、身分をバラさずに好き放題言いたいからである。

具体的行動
電話での対応を打ち切るために、名乗らないお客様には「ご要望シート」を提案しよう。

062 あなた個人の意見を問われた際の対応法

個人の意見を聞かれても、組織の代表として対応する

　クレーム対応ではお客様が、「自分がどれだけ被害を受けたか」、「どんなに嫌な気持ちにさせられたか」わかって欲しいという気持ちが強ければ強い程、感情的になり大きな声でクレームを伝えてきます。

　なかには「あなただったら、どう思いますか」「私と同じ気持ちになりますよね」と、個人的な同調や賛成を求めてくるお客様がいます。

　この場合は、「はい、私も同じ気持ちです」と「私もお客様と同じことを考えると思います」と、個人的な見解をお客様に伝えてしまう対応者がいます。

　このような言葉を伝えてしまうと、お客様は全て受け入れてくれたと考えるようになり、「じゃあ、どう対応してくれますか」「当然、返金してくれますよね。上の方にもそう言ってください」と、過大で理不尽な要求をあなたに対して求めてくるようになります。こうなると、切り返すことがとても困難になります。

　もし、個人的な意見を問われた場合には「私共としてもお役に立てず、心苦しい限りです」「いかにお怒りであるか、お話を聴

いてよく理解できました」という言葉をつかい、お詫びと共感で対応するようにしましょう。

　クレームを対応するのは、ひとりの担当者かもしれませんが、あくまで会社の代表のひとりとして対応します。その立場を忘れてはいけません。

　もっと言うと、企業や組織に入るクレームは誰がやっても同じ対応ができるようにしておかないといけません。組織としての統一した見解で対応を行わなければいけません。

　残念ながらその意識がなく、個人としての意見でお客様対応をしてしまうことで、後になって「この間のあの人は、こう言ってくれたのに、なぜあなたは理解しないの！」と、違う方向にクレームが発展するケースもあります。

　対応者ひとりの言葉をお客様はその企業・組織の言葉として受けとめます。常に組織の代表としてクレーム対応をしているということを心掛けるようにしましょう。

クレームの心理
　お客様が対応者に個人の意見を言わせようとするのは、自分を受け入れてほしいからだが、言ってしまうと会社が攻撃されやすくなる。

具体的行動
　お客様から同調や賛成を求められても「お詫び」と「共感の言葉」で対応するようにしよう。

063 何度もしつこく同じ話をしてくる人の対応法

すでに受けたクレームは、時間の無駄なので打ち切る

　クレーム対応をたくさん経験していると、お客様のなかには何度も同じ話をしてくるお客様や、業務にあまり関係のない話をしてくるお客様がいらっしゃいます。

　たとえば、年輩のお客様でよくある事例として過去に受けた嫌な対応について何度も伝えてくる人がいます。病院では、話し相手が欲しいのか、「あの看護師の態度が威圧的で嫌な気持ちになった」と、過去にクレームを受けて対応を終えたものに対してもまた同じことについて言ってくるというものです。

　とくに「この人はわかってくれる人だ」とお客様から思われると、何度も自分にだけ同じ内容のクレームを伝えてくる方が少なくありません。

　このような場合の対応については、ハッキリ言うと対応は早々に打ち切ることを実践するようにしてください。

　クレーム対応を行う上でとても重要なことなのですが、クレームはどこまで対応するのかについて明確な基準を決めておくことが大切です。

　日本の社会はまだまだ"お客様至上主義"という風潮が色濃く

あります。クレーム対応は、「お客様の良き理解者になってください」と何度もこの本にも書きました。
　ただ、どこまで対応するかの見極めのルールもつくっておかないといけないということも言っておきたいのです。

　もし何度も同じ内容のクレームを受けたのなら、こう切り返します。「先日のお話ですね。十分理解しています。」と一度、共感の言葉を入れた上で、「急ぎの患者さんがいるので、失礼しますね」と伝えてその場を離れて良いのです。
　中学校の校長に対する保護者からのクレームで、「担任の先生の出身大学は、うちの主人よりも偏差値が低いから心配だ！」というものが何度もありました。
　この校長は、「仰りたいこと自体、理解できました。ただ、偏差値で人間を計るものではない。とても失礼な発言です。」と毅然とした対応をされました。
　何を言っても受け入れてもらえると思っている相手には、反論するところはしっかり伝える姿勢が重要です。是非、参考にしていただきたいです。

> クレームの心理

　何度も同じクレームを言ってくるのは、対応のことを「この人はわかってくれる人だ」と思って甘えているのである。

> 具体的行動

　しつこく同じ話をされるのであれば、毅然とした態度で対応を打ち切るようにしよう。

064　相手先にうかがう際のアポの取り方の注意点

日程を複数あげてもらえば、不都合を詫びるリスクが減る

　お客様からクレームを受けて、状況を調べた結果の報告で先方にうかがう場合に注意してもらいたいことがあります。
　実はアポイントの取り方ひとつで、さらにお客様を怒らせてしまっていることがクレーム対応の現場でよく起きているのです。

　シチュエーションとしてはこんな場面です。対応者がお客様に連絡し、「先般、ご指摘をいただいた調査の結果についてご説明におうかがいしたいのですが」と伝えたところ、お客様から「じゃあ、明日の午前中に来てください」と言われたとしましょう。
　お客様のご都合にあわせようとする一見、良い対応に見えますが、これは危険な対応です。
　お客様からご要望のあった「明日の午前中」が、こちらがどうしても訪問できない場合が当然あると思います。
　その場合に「その時間はあいにく……」と伝えてしまうと、「何だよ！　問題起こしておいて、来られないのかよ！」とお叱りを受けることは容易に想像がつくと思います。
　明日の午前中が難しいとやんわりお断りする方法があるのかと言うと、正直良い切り返し話法はありません。

では、このような場合のアポイントの取り方はどうすれば良いのか。実はこちらが主導権を握ることができる良い質問話法があります。
　「調査結果に関しまして、お客様のご希望を2〜3日教えていただいた上で、ご説明にうかがいたく存じます。ご都合はいかがですか？」
　このように、**お客様の都合の良い日を複数提示してもらうことで、こちらがベストだと思うタイミングに訪問できるようなアポの取り方をするようにしてください。**

　クレーム対応は、対応者側が主導権を握る必要があると、何度もお伝えしてきましたが、この場面でもそれを意識してください。
　訪問する人間は、直接クレーム対応した担当者、調査をした担当者等、その場でしっかりお客様に対して受け答えできるメンバーが訪問できる日時にうかがうようにするのです。もう失敗は許されませんのでベストのメンバーでうかがえるようにしてください。

クレームの心理
　クレーム対応のアポ取りでこちらの都合が悪いと、お客様は最優先されていないことに対して不快な気持ちになる。

具体的行動
　都合が良い確率を高めるために、複数の候補日を挙げてもらおう。

065 大声を出す人のクレームの対応法

恐怖を感じてしまったら、「怖いです」と言っても良い

　コールセンターやお客様相談室でオペレーター向けのクレーム対応研修に登壇した際のお困り事項で頻繁に出てくるものとして「大声を出すお客様への対応はどうすれば良いのか」があります。

　もちろんクレームの初期対応に失敗しない法則としてさまざまな方法をお伝えしてきましたが、それ以前に自分が怖くなって言葉が出てこない場合があると思います。男性・女性を問わず大声には少なからず恐怖心をもつと思います。

　ではこのケースはどうすれば良いのか。一番の方法として、**「今のお客様のお言葉で怖くなりました」**と、伝えるようにしてください。
　クレーム対応は、恐怖心をもったまま、頭が真っ白になってまでやる必要はありません。ですので、これはテクニックでも何でもなく、「怖いです」と、その相手に伝える緊急回避策があることを覚えておいてください。
　もっと言うと「お客様のお言葉で怖くなってしまい、何と申し上げて良いのかわかりません。上席の者と対応を代わらせてくだ

さい」と言って、その場を離れることや、電話を保留するようにもしていただきたいと思います。

　実はこの「怖い」という言葉は、上司や責任者に対応を代わってもらうようにする際の適切な言葉でありながら、もうひとつ使うべき理由があります。それは、**この「怖い」という言葉を聴いて、もっとも動揺するのは大声を出していたお客様の方なのです。**
　大声を出すお客様の最大の特徴は、被害者意識から来る、感情の高ぶりにあると思います。
　しかし、そのようなお客様は、電話口の対応者が怖がっていることがわかると、自分が大声で相手を威嚇してしまっているという自分側の落ち度に気付くことになり、平静を保とうとします。「自分はこんな人間ではない」と考えて、どんどん冷静になり「私が言い過ぎました。ここからはゆっくり話をします」と反省の弁を述べることさえあります。
　この方法を知っていると、仮に恐怖に感じなくてもお客様に平静さを保ってもらうための方法としても使えると思います。

　クレームの心理
　お客様は、相手を怖がらせてしまったと思うと、自分の落ち度を反省し、平静を保とうとすることが多い。

　具体的行動
　恐怖で頭が真っ白になってまで対応する必要はないので、「怖くなりました」と率直に伝え、上司や責任者に対応を代わってもらおう。

066 悪質クレーマーの定義と対応法①

暴言を吐くクレーマーは、毅然として対応を打ち切る

　クレーム対応をしていると、「アホか」「バカなのか」「お前、なめてんのか！」（＊私が過去に言われた言葉です（涙））というような暴言ともとれる言葉が止まらず、対応者個人を批判したり、傷付けたりするような言葉を吐き続ける相手がいます。

　私はこの相手は「悪質クレーマー」だと判断して良いと考えています。

　悪質クレーマーの定義として、いろんなタイプがいると思っていますが、一番多いのはクレームを言う事でストレス発散したいと考えている人です。つまり、「わかって欲しい」や「この問題を解決して欲しい」ということは一切なく、クレームを言うことを楽しんでいるのです。日頃のストレスを解消するために、ターゲットを見つけてクレームを言います。いわゆる、**暴言・ストレス発散型クレーマー**です。

　このタイプは、仮に「今の言葉で怖くなりました」と言っても、対応者個人への攻撃が止まることはありません。

　むしろ対応者が怖がっているのを見て、余計に興奮してもっと汚い言葉を使ってくることもあるでしょう。

第4章　ワンランクUP！クレーム対応の上級テクニック

　悪質クレーマーの対応については、当然ですがお客様ではないと判断して結構です。関係を構築しようとはせずに毅然とした態度で対応を打ち切ることを実践しましょう。

■悪質クレーマー対応法　〈暴言・ストレス発散型〉
　悪質クレーマー「お前、そんなことも知らないのか！　バカか！仕事なんかやめてしまえ！……（対面での暴言が止まらない）」
　対応者「（毅然とした態度で話を遮って）お客様、誠に恐れ入ります。お客様がいかにお怒りなのかはお話をうかがってよく理解できました。ただ、残念ながら先ほどからの私個人に対する人格否定ともとれるような言葉をおっしゃるのであれば、これ以上の対応は控えさせていただきます。お帰りください」

　このように、完全に否定するのではなく、部分的に受け入れながら対応を打ち切るようにしてください。

クレームの心理
　暴言を吐くストレス発散型クレームは、わかって欲しいのではなくクレームを言うこと自体が目的になっている。

具体的行動
　悪質クレーマーはお客様ではなく、業務を邪魔するだけの迷惑客と判断して対応を打ち切って良い。

067 悪質クレーマーの定義と対応法②

無理難題を要求されたら、「警察に連絡する」と伝える

　女性用のランジェリー店でサラリーマン風の男性客が「使用済の商品」を店にもちこんできて返品・返金要求をしてきたことがありました（笑）。

　レシートはあったのですが、1か月以上前にご購入いただいた商品ということがわかりましたので、対応者が丁重にお断りをしたところ、お客様が激高したようでした。

　奥様へのプレゼントだったのか、ご自身で使用されたのか（？）はわかりかねるのですが、「とにかく気に入らないので返品して返金しろ！」という無理難題を通り越して、常識を疑うようなクレームでした。

　「お客様、そんなことを言ってあなたは大人として恥ずかしくないのですか」と伝えましょうと言いたいところですが（笑）、このような場合はどうするのか？

　当然ですが通念上、非常識と思える要求には毅然とした態度でお断りすることです。何も迷う必要はありません。

　とくにこちら側には何も非がないのに金銭要求してくる相手は、**「非常識・無理難題要求型クレーマー」**と判断してくださ

い。必要以上に対応することを避けるようにしてください。

■**悪質クレーマー対応法〈非常識・無理難題要求型〉**
　悪質クレーマー「商品が気に入らない！　返品・返金しろ！　そうじゃないとお前のところではもう買わないぞ！」
　対応者「お客様のおっしゃりたいことは、よくわかりました。ただ、今回のお申し出につきましては、私共には一切非がないと判断しております。返品・返金の対応につきましてはお断りさせていただきます。誠に申し訳ございません。」

　このような明確な回答を伝えるようにしてください。仮に「なぜ、できない！　それと何だその言い方は！　こっちは客だぞ！」と論点を変えて、居座ろうとするのであれば、「私共からこれ以上、申し上げることは何もありません。お帰りにならないのであれば警察を呼びます」と二段階で対応を打ち切るようにもしてみましょう。

　クレームの心理
　非常識・無理難題要求型クレーマーは、わがままを言ったもの勝ちだと思っているので、必要以上に対応してはならない。
　具体的行動
　非常識・無理難題要求型クレーマーには、要求をお断りすること、警察を呼ぶと伝えることの二段階方式を活用すると良い。

068 警察に相談することの意義

警察にすぐ連絡することは、従業員保護のため必須である

　暴言を吐き続けたり、金銭要求をしたりして居座ろうとする悪質クレーマーに対しては、速やかに警察に連絡をすることをためらわないようにしてください。

　元々はこちらに非があったことが発端だったからと考えて、警察への連絡を躊躇したり、警察沙汰にするのは避けたいと考えたりする責任者が少なくありません。

　しかし、**悪質クレームはクレーム対応ではなく、企業としての危機管理**と考えて、業務を妨害されているという判断するべきです。

　もっと言うと、警察に速やかに相談する体制を整えておくことで、従業員を守るということを一番に意識していただきたいのです。

　以前、私に研修依頼があった市役所では、連日のように窓口に来ては暴言を吐き威嚇行為をする住民がいたにもかかわらず、自分たちで対応しようとしてしまったことで、PTSD（心的外傷後ストレス障害）になる職員が続出してしまったことがありました。

　正直、PTSDを抱えてしまった方たちにクレーム対応の方法を

ご指導するのはこの方たちが精神的に耐えられないと考えて、メンタルヘルスの専門家からのケアに時間を割いていただくことをお願いしたことがあります。

　事件ではないのに警察に連絡して良いのだろうかと考えずに、同じ仕事をする仲間を守るためにも相談をするようにしてください。もっと言うと、悪質クレーマーが来ることを想定して事前に所轄の警察署に相談しておくということもおススメします。
　「こんな場合にはすぐに連絡をください」と警察の方からアドバイスをいただけることで、随分気持ちも楽になりますし、連絡することに躊躇しなくなると思います。

　これは、私の体験談ですが連日のように私共のお客様相談室に暴言を吐き、無理難題を要求してくるクレーマーに困り、最寄りの警察署に相談しに行ったところ、窓口担当の方から「あっ！それ〇〇という男ですよね。そうですか、おたくにもクレームが行きましたか。その人あちらこちらでクレーム言ってますので今度、電話が来たら、私の名前を出すようにしてください。何も言わなくなりますので」と言われて、随分驚いたことを覚えています。

クレームの心理
　警察に事前に相談しておくと、気持ちも楽になって連絡することに躊躇しなくなる。

具体的行動
　従業員の精神的・身体的安全を守るために、悪質クレーマーが来たらすぐに警察に連絡しよう。

069 悪質クレーマーに追い込まれる人の特徴

クレームを抱え込む人は、悪質クレーマーに狙われる

　悪質クレーマーに苦しめられている対応者の特徴として、自分ひとりで抱えてしまっていることがあります。

　ひとりで何とかしようと考えてしまう人は、上司や周囲の同僚に助けを求めることができません。

　とくに優秀な営業マンであればあるほど、自分のミスが原因のクレームでは、自分の会社での評価を下げたくないと考え、上司に報告することをせず的確な判断ができないために、クレーム対応をつい後回しにしてしまいます。時間だけが過ぎていきます。

　このような状態になると悪質クレーマーからは、「誠意がない」「私のことを放置した」と、さらに違う論点で追い込みをかけられ、「どう責任を取る！」「このままでは済まされない」と脅迫にも似たクレームを受けてしまうのです。

　さらに悪質クレーマーは無理難題を押し付け、慰謝料などを名目に金銭的な要求をしてくることもあります。

　追い込まれた対応者は何とか終わらせたいと考えてしまい、会社に報告をせずに自腹で金銭要求に応じてしまうという不正を犯してしまう最悪の状況に陥り、結果的には自分の社会的評価まで

下げてしまったということは本当によく起きています。

クレーム対応はひとりで対応するものではありません。自分の担当の業務に対して責任感をもつことは大切ですが、トラブルやクレームはいち早く、組織で共有することです。仕事はひとりでするものではないということです。

「助けてください」と言えるようになってください。「私に至らない点があり、お客様からお叱りを受けています」と、迅速に上司に報告する勇気をもってください。そうすることによって組織として悪質クレーマーを追い出すことができます。

クレーム対応は我慢したり、耐え続けたりするものではありません。お客様の気持ちに寄り添うことが大切とお伝えしてきましたが、それ以上に自分の心の充実を重視してください。自分の手には負えないと思えば、周囲に助けを求めるようにしましょう。そして、自分の弱さもさらけだせるようになりましょう。

クレームの心理
悪質クレーマーは、担当者の「自分の会社での評価を下げたくない」と思う気持ちに付け込んでくるものである。

具体的行動
仕事をひとりで対応しようと思わずに、勇気をもって「助けてください」と言って周囲と課題を共有しよう。

070 電話の録音を嫌がるお客様への対応法

サービス向上のためと言うと、録音の了承を得やすくなる

　企業のホームページ内にある、お客様相談室の案内ダイヤルのところに、「お客様とのお電話は内容を正確に承るため録音させていただいております」と表記されていることが多いと思います。

　この表記の目的は、書かれてある内容の通りです。企業側が間違った判断をすることなく、真摯にお客様の声を受け止めるという意味が込められ、今後の自分たちの電話の対応力の向上に活かすことができるということを意味しています。
　さらに録音する目的としては、お客様に録音されているという意識をもってもらうことで、暴言や悪質なクレームを未然に防ぐという部分も大いにあると思います。

　しかし、問い合わせをしようとするお客様にとっては「録音される」ことについては、何か自分が悪質クレーマー扱いされているかのような印象をもってしまい、悪いイメージをもたれることが少なくないようです。
　私の取引先のお客様相談室でもクレームの冒頭に「なぜ、勝手に録音をしようとする！」と、本題のクレームを言われる前に、

この部分でさんざん揉めることがあるようです（笑）。

なかには「これは盗聴だ」や「プライバシーの侵害にあたる」と言うお客様もいるようです。ただ、これは法律違反にはあたりません。なぜなら、公に公開するのではなく、正確に聴き取るために録音するという目的が明確であるからです。

では、どのようにお客様に理解を得るようにすれば良いのか。この事に関する切り返しの言葉としては、「お客様のご意見を賜り、上席のものにも伝えて社内で共有するために録音させていただきたく存じます。ご了承いただけますでしょうか」や「私共のサービス・商品の更なる向上・改善に活かしてまいりますので、ご了承いただけませんでしょうか」とうかがうようにしてください。

ポイントは、「**社内で共有する**」「**サービス向上**」「**商品改善**」という名目をお伝えした上で、お客様からの了承を得るようにすることです。一方的に目的を伝えるだけではなく、お客様にうかがいを立てることで対話することを実践してみましょう。

クレームの心理
お客様が会話の録音を嫌がるのは、自分が悪質クレーマー扱いされている気がしてくるからである。

具体的行動
クレーム対応の通話録音は法律違反にはあたらないが、気遣いを見せるため、了承は得るようにしよう。

071　他のお客様がいるときの注意点

居座られることもあるので、別室には通さないようにする

　店舗などでは、他のお客様がいるなか、週末にお客様でごった返している忙しいときに限ってクレームが発生するものです。

　お客様が大声でクレームを言った際に、周囲のお客様に対しては何かするべきことはあるのでしょうか。

　これについては、周囲のお客様の目を気にすることはないと考えています。その場でしっかりクレーム対応をするようにしてください。

　銀行や病院では大声でクレームを受けると、「ここでは他のお客様にご迷惑になりますので、別室へどうぞ」と誘導しているシーンを何度か見たことがありますが、周囲から見ると銀行や病院が**何か隠したいことでもあるのだろうか**という印象をもってしまいます。

　対応側は別室に通すことで、お客様に落ち着いてもらおうというのが意図としてあるようですが、お客様は受け入れてもらったと考えて、自分の要求が通るまで居座るケースが少なくありません。対応者側も「別室にどうぞ」と案内してしまったため、無下に追い返すこともできず、長時間の話し合いになることは容易に

想像できます。完全な逆効果です。

このような場合は、ほかのお客様が見ているなかで、堂々とクレーム対応をすれば良いのです。
誠実にクレームを受け止めるようにしているところを、ほかのお客様にアピールすれば良いのです。
店舗スタッフにしっかりクレーム対応を教育しているところでは、クレーム対応の場こそ、そのお客様をファンに変える最高の機会であり、他のお客様にも対応をお見せすることで、「あの店、クレーム受けていたけど、店員さんが完璧な対応していた」と、良いクチコミを拡げるチャンスになるとさえ考えている店がたくさんあります。

実際にSNSやブログなどでも、「あの店のクレーム対応は完璧だった！ ちゃんと対応しているのをみて、この店のファンになった」等のコメントがたくさんあります。

クレーム対応に自信のない組織こそ、クレーム対応ができないところをほかのお客様に見せたくないので隠すようになるのです。

クレームの心理
クレームを言うお客様を別室に案内すると、他のお客様からは「何か隠したいことがあるのでは」と思われてしまう。

具体的行動
クレームを言われるのは恥ではない、堂々とクレーム対応ができないことが恥だと考え、堂々と人前で対応しよう。それが他のお客様へのアピールにもなる。

072 先輩や上司に対応を依頼した場合の対応法

自分がしたミスの場合は、引き続き同席したほうが良い

　クレーム対応では、残念ながら初期対応でうまくいかず、「あなたでは信用できない。上の人を出して！」と言われてしまい、先輩や上司に対応してもらわないといけないケースがあります。

　対面でのクレーム対応では、上司に出てきてもらった後、自分はどこにいればいいのでしょうか？
　これに対する答えは、**自分が担当している仕事や自分のミスでクレームが発生してしまった場合は、そのまま同席して上司とお客様とのやりとりを見ておくようにしてください**、になります。
　これには、上司のクレーム対応のやり方を勉強するというメリットがありますが、それ以上にお客様が何と言うのかを確認しておくということが重要です。

　実はクレーム対応では、対応者が変わることで、お客様が話を必要以上に大きくして訴えてくるケースがあるのです。

　WEB制作会社で実際にあったケースで、ホームページ制作の見積書の金額が当初より高くなったことでのクレームがありまし

た。担当営業は「これは、オプションで料金が追加になります」と伝えていたにもかかわらず、「こんなに高くなるとは思わなかった」というのが、お客様の言い分でした。

多少なりともお客様の認識も甘かったとも考えられるケースでしたが、実際にお客様が上司に言ってきたのは、「これがオプションで追加料金になるなんて一切聴かされていなかった」でした。このときはお客様と上司のふたりだけのやりとりだったため、上司はお客様の話を鵜呑みにしてしまい、金額を負担したという結果を招いてしまいました。

一方で自分のミスではなく、たまたま店頭でクレーム対応した際にうまくできず「上に代われ！」と、お客様をさらに怒らせてしまった場合は、その場に同席することはしなくても大丈夫です。クレーム対応者が代わることで、お客様が冷静になるということが少なくありません。ただ、その場合は、なぜ初期対応がうまくいかなかったかを上司と話し合うようにし、同じ失敗を繰り返さないよう、ここから学ぶことを忘れないでください。

クレームの心理
お客様によっては、対応者が変わると、勢いが出て話を大きくしてしまうこともある。

具体的行動
上司に対応を依頼してしまった場合は二度と同じことを起こさないために、学ぶことも忘れないようにしよう。

073 「ネットに書き込むぞ」というクレームの恐怖

お客様を突き放すと、
本当に書き込まれてしまう

　お客様のなかには「ネットに書き込むぞ」と一見、脅しのようなことを言ってくるケースがあります。ただ、この言葉を言うのは悪質クレーマーではありません。

　これは、初期対応に失敗した典型的なパターンから出てくるお客様からの通告だと考えるようにしてください。

　ネットに書き込むことが、お客様のしたいことではありません。わかって欲しいと思ってクレームを言ったのに、対応者が言い訳をしたり、早く終わらせようとしたりしていると感じたときに出てくる、お客様に"もっとも言わせてはいけないセリフ"のひとつです。

　しかし、このことにも気付けず、「お客様のされることに、私共がとやかく言える立場ではありませんから」と、伝えてお客様を突き放すような対応をすれば、このお客様との関係は破綻します。お客様は、ネットに悪口をさんざん書き込み、周囲の人にもこの会社の対応がいかに良くなかったかという悪いクチコミをどんどん広めていくでしょう。

悪質クレーマーでもないお客様を突き放す対応をすると、企業は痛い目にあいます。SNSのツイッターやインスタグラムで「#（ハッシュタグ）クレーム」で検索すると、企業や対応した従業員の名前まで晒されて、悪い書き込みがされています。匿名で書かれていても信じる人や面白がって拡散する人はたくさんいます。拡散されたものを全て削除することは不可能です。

「ネットに書き込むぞ」のようなことをお客様に言われた場合の対応法として一番良いのは、共感と反省の言葉を伝えることです。そんなことを言わせてしまったということに、こちらが理解と後悔を示すのです。

たとえば、「お客様がそこまでお怒りだというお気持ちが伝わってまいりました」「お客様にそう言わせてしまった点につきましては、私共の反省点でございます」と、伝えてみましょう。「お客様がそういうお気持ちである」「そう言わせてしまった」という点について寄り添うような言葉を伝えることです。

そうすれば、お客様は「わかってくれた」と思い直すようになり、初期対応の失敗をリカバリーできるようになります。

クレームの心理
「ネットに書き込むぞ」と言うお客様は、もとからそうしようと思っていたのではなく、対応に不満を感じているのである。

具体的行動
お客様の気持ちを理解し、自分たちの初期対応が良くなかったと共感と反省の言葉を伝えると、信頼回復ができるようになる。

074 シニア世代のお客様の対応法

「敬意」と「感謝」を示すと、逆に味方になってくれる

　クレームをもっとも言う世代はシニア層であるということはご存知でしたでしょうか。

　理由はいくつもありますが、日本は高齢化社会ですのでそもそもこの世代の人口が多い。そしてリタイアして使える時間が多く、頭も固く自分の価値観を押し付けてくる傾向があると言われています。これは私も実際にシニア世代のクレーム対応をしてきて、全くの同意見です。

　時間とお金にゆとりがあるので、平日の温泉地はシニア世代のお客様ばかりです。温泉旅館では「挨拶がない」「客の荷物をもって案内するのが当たり前だ。なぜやらない」というクレームがよく起きます。ご自身の今まで受けてきた優良なサービスを基準にして、足りない部分にクレームを言ってきます。

　一見すると、口うるさい客だと考えてしまう企業もあると思いますが、むしろ私は**シニア世代には非常に影響力のあるお客様たちが多い**と位置づけています。

　このシニア世代のお客様たちは時間とお金にゆとりがある以上

に、豊富な人脈やさまざまな権限をもっている世代であるということです。私のお客様相談室時代にも口うるさく、私を指名してまで毎回クレームと言ってくるお客様は60代が中心でした。正直、「毎回、そんなクレーム言うなら、他の会社を利用して欲しい」と、思ってしまったこともありましたが、このお客様方のクレームは真っ当なご意見が多く、こちらが仕事に対して怠惰であることの指摘の多い、耳の痛いお話ばかりでした。

まさに、人生の大先輩からのアドバイスと捉えて、敬意とご指摘に感謝の言葉を投げかけて対応をしっかりやることで実は大きなギフトがたくさんありました。

なんと、クレーム対応後の利用頻度と購入金額が一気に増えたのです。さらに新しいお客様もたくさんご紹介いただけたのでした。

実は私が現在のクレームの専門家として独立して１年目にクレーム対応研修とコンサルティングのお仕事を紹介してくれたのは、私を指名してまでクレームを言ってきたあの60代のお客様たちだったのでした。今もたくさんのお仕事をご紹介してくださいます。

クレームの心理
シニア世代がクレームを言うのは、仕事でもプライベートでも経験が豊富だからであり、サービス向上のために学ぶべき点も多い。

具体的行動
厳しいシニアのお客様にしっかり対応することで、クレーマーからサポーターに変えていこう。

075 完全にこちらのミスでクレームを受けた場合

保身で対応が遅れると、もっと大きな問題になる

　クレームを受けて確認したところ、完全にこちらに非があり、お客様に多大な迷惑をかけてしまうことがあります。故意ではなかったと言え、お客様からの信頼を失いかねない重大なミスを起こしてしまうことは、一生懸命に仕事をしていてもおこりえます。

　こんな場合にもっとも意識するべきことは、**全て非を認めて全面謝罪をし、迅速に対応していくことです。**
　上司に怒られて自分の会社での評価が下がってしまうことを恐れ自分で何とかしようとしたり、その場をごまかそうとしたりすることは絶対にやらないようにしてください。
　まず、上司にいち早く報告した後、お客様のところにうかがい、「私共に重大なミスがございました。弁解の余地もございません」と謝罪するようにしましょう。
　ここのスピード感がこの後のお客様の心証を大きく左右します。

　さらに、急いで対応しないといけない案件の場合は、最善のリカバリー策をお客様に報告し、うかがいを立てるようにしましょう。

お客様の協力も得ながら、このミスによる被害や問題を最小限に食い止めることを最優先に考えましょう。

何とか問題を収束することができたのなら、この後の対応こそがとても重要になってきます。

あらためてお客様のところにうかがい、今回の件を真摯にお詫びし、2つのことを提示するようにしましょう。

1つ目は、「**なぜ、今回このようなことが起きてしまったのか**」です。ここが明確にならないとお客様はまた同じことが起きるのではないかと不安になります。個人の問題なのか会社全体の問題なのかを明らかにする必要があります。

その上で、2つ目は「**同じことを起こさないためにどう改善していくか**」です。

「同じことがないよう再発防止に努めます」と決意を口にしたところでは不十分です。より具体的に仕事のやり方をどう変えていくのかを文書にして見える化していくことです。

心からお詫びし、この2つをお客様と共有することで、お客様は必ずもう一度チャンスを与えてくれるはずです。

クレームの心理
対応側に完全に非があると、社内での評価が下がることを恐れて報告を躊躇いがちである。

具体的行動
同じ過ちを繰り返さないために仕事の改善をお客様に宣言して、することを見える化しよう。

076 クレーム客をファンに変える魔法の質問

対応を終えるときに、前向きな質問をしてみる

　過去、クレーム対応が無事に終わろうとしているタイミングで、お客様に投げかけていた、よくある言い回しのひとつに「その他、ご不満な点やご迷惑をおかけしてはいませんでしょうか」と質問することをしている企業が少なくありませんでした。

　私もお客様相談室時代に同じことをしていましたが、クレームが長引くだけです。これは、お客様に気遣いの言葉を投げかけているように思いますが、この質問をすることでお客様は不満な点を一生懸命に頭の中で探し、思い出したかのように過去からの不満を延々と話し始めるのです。

　クレーム対応がうまくいき、お客様との関係を今後も続けていけるようになったのなら、このタイミングでお客様にしていただきたい質問にこのような方法があります。

　「お客様、今回は大変ご迷惑をおかけしてしまったのですが、その他の点につきましては、ご満足をいただいていますか？」

　この質問をおススメする理由は、お客様が自分たちと取引して

いる上で、メリットに感じている部分を意識していただけることです。つまり、**この質問によってお客様は良い点だけを頭の中で探すようになる**ということです。

　私の取引先のリフォーム会社で商品の在庫切れで工事の進み具合の遅れについて施主さんから大きなクレームがあったものの、段取りの悪さをお詫びし、どのように工期を短縮するかの提案をすることで、お客様から理解を得られ、無事に円満解決したことがありました。
　その際に営業担当者がこの質問をしたことでお客様は良い点を探し、こんなこと言ってくれたそうです。
　「いや、実は工事をしてくれている現場の方はみなさん礼儀正しくて一生懸命でしたよ。暑いなか、ほんと頑張って仕事をしてくれています。そこはすごく感謝していたのですよ」と現場の仕事ぶりを褒めてくださり、「工事の遅れは仕方がない、急いでケガでもしたりしないように気をつけてくださいよ」と温かいお言葉までいただけたようでした。

クレームの心理
　前向きな質問を投げかけられると、反射的に良い面を探そうとすることになる。

具体的行動
　クレーム対応を前向きに締めくくるために、お客様に褒めてもらって終われる質問を投げかけよう。

077 クレームを受けても落ち込まない方法

面白く話す練習をすると、楽しいことに思えてくる

　クレームを受けて周囲の人に愚痴をこぼしている人がいます。正直、これはやめたほうが良いと思います。

　取引先のお客様相談室やコールセンターでは、「クレームを受けたら、同僚に遠慮なく毒を吐いて良い。そうしないとストレスが溜まってしまうぞ」と指導しているところがあります。

　私はこの方法には大反対です。クレームを言われて、そのお客様の悪口を言うと、もっとストレスが溜まり、そのお客様のことがさらに嫌いになるからです。

　もっと言うと、その悪口を聞かされる同僚も嫌な気持ちになり、そのお客様のことがやはり嫌いになります。

　クレーム対応がうまくできない組織、それ以上にクレームをよく起こす組織はお客様のことを社内で悪く言っているのが共通しています。どうして目の前のお客様を笑顔にしようとせず、嫌々接するのでしょうか。その気持ちがお客様に伝わり、お客様はクレームを言うのです。言いたくなるのです。

　クレームを受けて落ち込まない方法があるとしたら、やはりク

レームへの捉え方を変えることです。同僚にお客様の愚痴を言ったところで何も解決しません。

　私は「いろんなお客様がいる。だからこそ、自分の価値観や私見を広げるチャンスだ」と考えるようにしてからクレーム対応が随分と気持的に楽になった経験があります。

　さらにお客様相談室時代は、職場以外の人との食事会で「こんなクレームを言ってくる人がいた」と笑顔で話をすると、皆が喜んで笑って聴いてくれました。「もっとないの？」と言われることも少なくありませんでした。

　私は、フジテレビ系列「ホンマでっか!? TV」に企業クレーム評論家として出演しています。打ち合わせ時、ディレクターさんに過去のクレーム話をすると爆笑しながら聴いてくれます。「本番でこう伝えると、明石家さんまさんがツッコミ入れてこられますよ」と言われます。そして毎回、スタジオで明石家さんまさんは、さらに面白い話にしてしまいます。

　人ができない経験をしていると考えて面白く話している人だけが、クレームに対して落ち込まなくなると考えています。

クレームの心理
　お客様を悪く言うからさらに落ち込み、そのお客様のことがもっと嫌いになる。

具体的行動
　クレームを受けて落ち込まないためにも、クレーム対応の経験を面白い話に変える練習をしてみよう。

第5章

クレームに強い
組織の共通点

078 サイレントクレーマーをつくらない方法

クレームを言いやすくして、改善点を集めるようにする

　サイレントクレーマー（43頁参照）を常に意識することは組織では大切です。企業や店舗に直接クレームを言うことはないのですが、自分の周囲の人に「いかに接客が酷かったか」等を悪いクチコミとして広められては何も良いことはありません。

　企業や店側は、クレームがないとどうしても安心してしまいますが、良いことではありません。直接クレームを言われることはないので、どこがダメだったのかがわからないままなのです。

　まず、どんなときにサイレントクレーマーは生まれてしまうのでしょうか。一番の理由は、あまりにもサービスが酷く、クレームを言うに値しないと、お客様が考えたときです。
　飲食店でスタッフの接客が雑だったり、清掃が行き届いていなかったりすると、「もう使うことはないから、まぁいいか」と考え、クレームを言うことはせず、黙ってその場を去り、その後周囲に悪評を広められるのが典型的なパターンです。
　サイレントクレーマーだらけになると、どんどんお客様が減っていき、倒産や閉店に追い込まれてしまいます。

仕事をする上で、サイレントクレーマーをいかにつくらないかを考えるようにしましょう。

　接客の向上、清掃をしっかりやることは、当たり前のこととして、さらに意識することとしてお客様がクレームを言いやすい環境をつくることです。大手企業がお客様相談室をつくる理由がここにあります。中小企業や個人店舗であればアンケートの活用、最近ではSNSのツイッターやフェイスブック上で、「私どものサービスをさらに良くするためにはどうすれば良いでしょうか。メールにてご指摘・ご要望をお送りください」と、積極的にクレームを集めようとしている傾向があります。

　このようにクレームをなくそうとすると同時にクレームを集めようとする企業や店舗だけがお客様の支持を受け続けると考えています。長年支持されている企業や店舗の共通点は、常にお客様だけをしっかり見ているのです。お客様は私たちに何を求めているのかを知ることで、自分たちの問題点を見つけるキッカケにしようとしているのです。

クレームの心理
　お客様は、サービスがあまりに酷いと直接クレームを言わずに黙って去り、悪い評判を広めてしまう。

具体的行動
　お客様が自分たちに何を求めているかを知るために、クレームを集めることを怠らないようにしよう。

079　SNSに悪い書き込みをされた場合の留意点

投稿を削除しようとすると、炎上の原因になってしまう

　企業や店舗がもっとも恐れることのひとつに、ネット上での悪い書き込みをされることが挙げられると思います。
　私のクレーム対応に関する講演でも、質疑応答の時間にネットの対応法についてよく質問されるようになりました。

　実際に悪い書き込みをされた場合にはどんな対応をするべきなのでしょうか。
　書き込みされたのが自社のSNS上なのか、一般のユーザーのアカウントでのものかによって対応は変わりますが、企業によっては少しでも拡散されることを防ごうと、自社のSNSでは書き込みを削除したり、書き込みした本人に削除要請をしたりするところがありますが、**逆効果だと思っています。これが炎上の原因となります。**

　このケースは、書き込み内容を真摯に受け止めることが重要だと考えています。ひとつの書き込みの後ろには同じことを思っているお客様がたくさんいると考えた方が良いと思います。
　相談を受けた実例で、企業のSNS上で「店員の対応がクソだっ

た！　二度と使わない」と書き込まれたことがありました。この
ときに削除することなく、返信欄に「この度は私共の対応でご満
足いただけず、誠に申し訳ございません。嫌なお気持ちをお与え
したこと、内容を拝見し反省するばかりです。同じお気持ちでい
るお客様が他にもたくさんいらっしゃるのではないかと気付くこ
とができました。改善に努めてまいります。ご指摘を賜り誠にあ
りがとうございました」と投稿したところ、書き込んだ本人が、
「わかってくれてありがとう！　私の声が届いて良かったです。
また利用するようにします。感謝！」(原文まま)と、同じ人と
は思えない書き込みをしていました。

　当然ですが、このSNS上のやりとりを見た他のユーザーもこ
の企業に対して良い印象をもつでしょう。これはツイッターでの
実際のやりとりであったため、リツイートもされ、良いクチコミ
として拡散されるようにもなりました。削除したり反論したり放
置することもなく、しっかり受け止めることでお客様の怒りを笑
顔に変え、結果良いクチコミを拡げることにも繋がるということ
を意識して取り組むようにしてもらいたいです。

> **クレームの心理**
> SNSで悪い内容の投稿があるときは、同じ気持ちでいるものの投稿
> しない人が大勢いることが多い。

> **具体的行動**
> SNS上での書き込みも、クレーム対応と同様に受け止めて、お客様
> の気持ちに理解を示すようにしよう。

080 SNSを利用してサービスを改善する方法

SNSの"＃クレーム"は、やるべきことを教えてくれる

　「当社はSNSをしていませんので、炎上することはありません」取引先の運送会社の社長さんから、そう言われたことがあります。本当でしょうか？　自分たちの会社はSNSをしていなくても利用したお客様がSNSを利用している人だったら、どうでしょうか。

　消費者は企業のHPよりSNSのクチコミを見て商品を買う時代になりました。スマホを使い、友人のSNSの投稿で新しいスポットを知り、フォローしているツイッターの動画で新しい商品を見つけるようになりました。にもかかわらず、SNSには無関心の企業があります。今やSNS上で自分の会社が何と言われているかを知らないのは仕事をする上ではありえないこととなりました。

　ツイッターやインスタグラムで「＃（ハッシュタグ）クレーム」と検索をしてみると驚くぐらいの数の投稿が出てきます。
　そのなかには社名やお店の写真、不良品の写真をアップして、さんざん悪口が書かれている投稿がたくさんあります。
　少し悪質なものには、接客が事務的だったという不満をそこの

店長の名前まで晒して「この店を使うのはやめましょう＃拡散希望」という投稿まで見たことがあります。

　SNSはウチには関係ないと無関心でいると、知らぬ間に自分たちの悪評が世の中で広まっているということです。
　冒頭の運送会社の社長さんにこのことを伝えたくて、＃クレームとそこの会社の社名を入れて検索した結果をお見せしたことがあります。2件の検索結果が出てきました。書き込まれた内容は「○○運送の運転が荒くて最悪！」「○○運送のトラックがウチの私有地に勝手に駐車してる。しかもタバコ捨てていった」と、書き込みがあり、社長の顔が青ざめていました。

　こんなクレーマー社会を憂うのではなく、このような現実を受け入れるべきです。これが世の中で起きていることです。
　仮に検索したところ、自分の会社は悪い書き込みをされていなかったと安心するのではなく、**書かれている内容を反面教師にしてこのような書き込みをされないよう**、気を引き締めて仕事をするキッカケにしていくべきだと思います。

クレームの心理
　SNSでクレームが拡散しているのを憂う人の多くは、起きていることを他人事だと思っている可能性がある。

具体的行動
　SNS上で自分たちが何と言われているのか調べて、自分たちの仕事を振り返るようにしよう。

081 従業員がクレーム対応に前向きになる方法①

よく起きるクレームは、分類して把握しておく

　クレーム対応に失敗してお客様の信頼を失っている企業・店舗にはクレーム対応を組織全体でやるものだという認識がありません。適切な対応法をちゃんと教えてくれる先輩・上司も存在しません。クレーム対応はケースバイケースでやるということしかルールがないため組織全体がクレームに対して必要以上に恐れ、前向きに対応することができず、お客様をたらい回しにしてしまうことも少なくありません。

　また残念なことに、このような組織は経営者や管理職が現場に対して「クレームを起こさないように、しっかり仕事をしろ」と、指示をしています。
　この指示がなぜダメなのかと言うと、仮にクレームが発生してしまうと、現場の人間は自分たちで何とか収めようとするからです。当然ですが、クレーム対応のやり方がわかりませんので、失敗しさらにお客様を怒らせてしまいます。経営者や管理職に報告が上がった時点では、炎上して収拾が困難な状態になってしまっていることがよく起こっています。

クレーム対応は組織全体でどれだけ準備しておくのかが大切です。**クレームから目をそらすのではなく、向き合うことが必要**です。

まずやるべきことは、自分たちの現場ではどんなクレームがよく起きているのかをしっかり分類して把握することです。

たとえば、このようにクレームがリストアップされるのではないでしょうか。

①商品の不備、施設の清掃状態等、サービス全体のクレーム
②接客時の挨拶や言葉づかい等、人に対してのクレーム
③説明・案内不足による誤解等、仕事のやり方へのクレーム

かつては組織にとってクレームはあってはならないものと考えられていました。でも時代は変わりました。クレームは必ず起こるものと考え、どんなクレームがよく起こり、それに対してどう対応するかを決めておくことが重要です。

クレームから逃げ続ける企業はお客様の信頼を失い、市場から追い出されます。クレームに前向きに捉えるための第一歩として、どんなクレームがあるかを明確にしておくようにしましょう。

クレームの心理
どんなクレームがよく起きるのかを知らないから、怖くなってクレームから逃げたくなる。

具体的行動
現場に対応を丸投げせず、組織全体で取り組むことを意識して、クレームのリストアップをしよう。

082 従業員がクレーム対応に前向きになる方法②

上位3つのマニュアル化で、クレームの大半をカバーできる

　たくさん企業・店舗のクレーム対応マニュアルの監修をしてきて気付いたことですが、現場でよく起きるクレーム上位3つの対策をしっかり練ると、全体の90％以上はカバーできます。
　つまり、起きるクレームは大体決まっているということです。

　この上位3つに関して、もちろん事前になくなるようにしていただきたいのですが、それがなかなか難しいからこそよく起きてしまうのです。
　私の取引先の地方銀行であれば、よく起きるクレーム上位3つは、①支店での待ち時間が長いというクレーム、②従業員の対応が不親切だったというクレーム、③融資に関する説明不足でのお客様の思い込み・勘違いについてのクレーム、になります。未然に防げれば良いのですが、どうして起こってしまうクレームです。

　よく起きるクレーム上位3つがリストアップできたのなら、より具体的にクレーム対応マニュアルをつくることをおススメします。最初にどんなお詫びの言葉が良いのか、話の聴き方の共感のあいづちで適切な言葉は何か、話を聴いてからしか提示できませ

んが解決策としてはどんなことが想定されるだろうか、どのように説明をすればお客様が納得されるだろうかを、セリフにして用意しておくようにしましょう。紙にして見える化しておくのです。

よく起きるクレーム上位3つは、誰もが同じ対応できるようにするために、電話対応が多いところは常にすぐに取り出せるところに置いておくということが大切ですし、何よりも従業員同士でロールプレイングを繰り返し、いざ本番で怒りまくっているお客様が現れても、落ち着いて対応できるようにこのセリフを何度も口に出して練習しておくことが良いと思います。

この地方銀行では、マニュアルをつくって安心することなく、毎日の朝礼時には2人1組でお客様役と対応者役になり、5分間のクレーム対応ロールプレイングを実施しています。ロールプレイングが良いのは、お客様役になってクレームを言う立場になると、対応者役の表情や言葉に感情がしっかりこもっているかが手に取るようわかることだとみなさんが口を揃えて仰います。非常に実践的な準備ができることが最大のメリットだと思います。

 クレームの心理
想定される解決策を事前に用意しておくと、そこに向けて前向きに取り組めるようになる。

 具体的行動
マニュアルを実践するために、何度も口に出してセリフを言い慣れるようにトレーニングをしよう。

083 従業員がクレーム対応に前向きになる方法③

現場に権限をもたせると、クレーム対応が早くなる

　よく起きるクレーム上位3つのマニュアルを作成すると必ず気付くことがあります。それは、**現場が権限や決裁権をもたないとクレーム対応がうまくいかない**ということです。

　クレーム対応では解決策をお客様に提示する際のスピード感は、とても重要だと考えています。
　「お客様、お話よく理解しました。ではこの件につきましては、私共の上司とも相談をして対応を考えたく存じます」では、十分な対応とは言えないのです。
　その場でどう対応するかをお伝えできずに解決が長引くとお客様の不満が残ることが多々あるのです。
　つまり、よく起きるクレーム上位3つに対しての解決策は、経営者判断や管理職にうかがいを立ててからお客様に回答するのではなく、現場の従業員がすぐに回答できるようにしておくことです。組織の誰が対応しても迅速に同じ対応ができるようにする準備ができて初めてマニュアルは完成したと言えるのです。

　現場でクレーム対応をする立場になるとわかるのですが、権限

や決裁権がないのに対応することはとても不安になります。どこまでお客様に伝えて良いのか、余計なことを言わない方が良いのかもという考えが頭をよぎると、お客様からは「事務的な残念な対応だった」と不満をもたれます。

お客様の立場で言うと、やっと繋がった電話でこちらのクレームと要望を伝えたけど、対応者から「私では判断できないことですので、後日ご連絡差し上げます」と言われたら本当にガッカリしてしまいます。現場が権限をもっておくことが、いかに重要かがおわかりいただけたと思います。

現場が権限を持つようになるとクレームを未然に防ぎ、良いサービスまで生まれます。ある洋服の量販店では、商品の返品については、レシートの紛失や多少の使用感があっても販売員の判断で受付けるようにしています。返品対応は、売上がなくなるマイナスな接客になりますが、経営者の「この接客場面こそ、最高のおもてなしを」という教えを実践することで、次回の買い物から顧客単価が一気に上がるという良い結果を生み出しています。

クレームの心理
お客様は、対応者に解決して欲しいと思っているので、「私では判断できません」と言われると不満に思う。

具体的行動
対応マニュアルを作成することは、現場に権限をもたせることとセットだと考えよう。

084　効果的なアフターフォローの方法①

お詫びの品を送るときは、対応を終えてからがベスト

　さまざまなクレーム相談を受けるなかで、お詫びの品の活用の仕方についてのご質問がよくあります。

　流通業・サービス業など、個人のお客様相手という業界では、クレームが発生してお客様のご自宅にうかがう際にお詫びの品としてお菓子の詰め合わせ等を持参するところが多いです。
　とくに食べ物などは食べてしまえばなくなりますし、これで水に流してくださいという意味が込められていると昔から言われています。
　しかし、**私はお詫びの品を持参して謝罪等にうかがうことは賛成しません**。私の経験及び取引先での事例になりますが、まだ解決していない時点でお詫びの品を持参するとお客様から「こんな物で許してもらおうとでも思っているのか」と言われることがあるからです。お詫びの品を持参したのにもかかわらず、その場で問題が解決せず、再度会社に戻って調査しないといけなくなった場合はそのお詫びの品もいったん持ち帰るのでしょうか。
　それこそ、持ち帰るのもどうかと考え、「これ、お詫びの品です」と渡したところで、「何も問題は終わってない！」と一喝さ

れるのは目に見えています。

まずはしっかりとクレーム対応を円満に解決し、お客様の怒りを笑顔に変えることを最優先することです。物で許してもらおうとするのではなく、対話で良好な関係を築くことが大切だと考えるようにしてください。

お詫びの品についてはクレーム対応が全て終わってから後日、持参するなり、宅急便でお詫びの手紙と一緒にお送りする方法が良いと思います。

私はお詫びの品については、少し楽しんでお送りするようにしていました。ネットで人気の和菓子やスイーツを調べて自分で取り寄せてみて、美味しかった商品ばかりをお客様にお送りしていました。そうすると後日、お客様から「美味しかった」とお礼の電話があることもしばしば。一度、大阪のお客様にお詫びの品としてすごく美味しかった"キビ団子"をお送りしたところ、「お前の家来になれ！ってことか‼」と、笑いながらお叱りを受けたこともありました（笑）。

クレームの心理
解決前にお詫びの品を送られると、お客様は"許してもらおうとしている"と捉えてかえって怒ることもある。

具体的行動
クレーム対応が全て終わってから、お手間取らせてことについてのお詫びのしるしとしてお送りするようにしよう。

085 効果的なアフターフォローの方法②

お詫びの手紙を出すときは、管理職の名前で出すと良い

　クレーム対応が完了したら、アフターフォローとして「必ずお客様にお詫びの手紙をお送りするようにしてください」とコンサルティング現場でお伝えしています。

　しかし、この内容に拒否反応を示す取引先は少なくありません。「その手紙がネットに公開されたらどうするのですか」とよく言われるのです。これに対して私が必ずお伝えすることは、「ネットに公開されても恥ずかしくない良い内容のお詫びの手紙を送れば良いのではないですか」です。

　クレーム対応終了後のお詫びの手紙は、そのお客様とのその後の関係性を大きく左右すると思っています。現場でクレーム対応が終わったらそれでクレーム対応が終了するのではありません。クレーム対応は、再度そのお客様にご利用いただいて初めて対応が完了し、成功だったと判断できるのです。

　お詫びの手紙を送る際に重要なことに、最後に対応した人間がお送りするのではなく、その上の上司や経営者が出すべきだと考えています。仮に手紙の文面は、現場の対応者が作成したとして

も上司や経営者が一行でも直筆でメッセージと署名をして送ることをおススメします。その手紙を受け取ったお客様は、自分の意見がしっかり上まで伝わっていることに安心し、信頼感をもつからです。誰が送ってきたかという見え方は、クレームで失いかけた信頼を取り戻すためには大切です。

ただ、実際にあった話ですが、社長に一筆を依頼した際に古田様というお客様に対して「吉田様、今回は大変申し訳ございませんでした」と名前を間違えてしまい、余計に揉めたケースもありましたので、気をつけるようにしてください。

手紙の文面については、「ご指摘いただきましたこと、心より御礼申し上げます」「私達の仕事を見直す良い機会を頂戴できたと感謝しております」「私共にはまだまだ未熟であったこと、教えてくださり感謝の気持ちしかありません」というようにお詫びの手紙というより、「感謝状」をお送りするかのような内容が良いと思います。お客様を感動させましょう。ネットで思わず公開したくなる内容を書くことに全力を尽くすようにしましょう。

クレームの心理
対応者の上席の人間の名前を出すと、クレームを組織全体で受け止めていることがお客様に伝わりやすくなる。

具体的行動
次回もご利用いただくために、責任者が確認し、責任者の名前で手紙を出して、会社としての誠意を見せよう。

086 効果的なアフターフォローの方法③

クレーム対応のフォローには、顧客満足度アンケートを取る

　クレーム対応の究極のアフターフォローは、クレーム対応に関する顧客満足度アンケートを取ることです。
　私の取引先以外で実施しているところはほとんどないのではないかと考えていますが、実践することをおススメします。

　タイトルに「クレーム対応アンケート」としてお客様にお願いしてしまうと、「私をクレーマー扱いするな」と違うクレームが発生しますので、「私共の対応に関するアンケートのお願い」とし、具体的にこのような3点を質問項目に入れます。

■アンケート項目
①今回の私共の対応にはご満足いただけましたでしょうか。
②対応者の姿勢・言葉遣いで気になった点、さらに良くするためのアドバイスをお願いします。
③今後も当社をご利用いただくとしてお客様からご要望がありましたら遠慮なくお申し付けください。

　ここでのポイントは、対応のどこがダメだったかという悪い点

をフォーカスする質問ではなく、あくまで「満足してもらえたか」「さらに良くなるためにはどうすれば良いか」と前向きな表現をつかうことです。さらに次回の利用を促すためのご要望を教えてもらうという内容であることがポイントです。

お客様からクレーム対応の感想をもらうことで、今後のクレーム対応の改善のヒントをもらい、次もお使いいただくために、自分たちのやるべきことも教えてもらうのがこのアンケートの最大の目的です。

「この対応に関するアンケート」はクレーム対応後にお詫びの品と手紙をお送りして、数日後に郵送でお送りするようにします。

私の取引先の実績ですが、このアンケートのお客様からの返信率は平均で73%（54社データ）です。

ただ、もっとすごいのはこのアンケートに返信してくれたお客様のリピート率は97%なのです。アンケートを書いて返信してくださったお客様たちにクレームを真剣に受け止めて、自分たちが変わろうとする企業の姿勢に共感し、さらに応援してやろうと言う気持ちになっていただけるのです。

クレームの心理
アンケートに答えてくださったお客様の数は、怒りを笑顔に変えられた数だと考えるとやりがいが出てくる。

具体的行動
リピート率を高めるために、お詫びの品と手紙をお送りした数日後にアンケートを郵送しよう。

087 クレーム対応時間の考え方

対応時間に上限を設けると、お客様の時間も奪わずにすむ

　クレーム対応に強い組織は、クレーム対応時間の上限を決めています。お客様に言われるまま1時間以上も電話で対応しているところがありますが、とても疲れてしまいます。

　私も経験がありますが、朝一番にクレームの電話を受けて1時間も対応することになると、その日一日の仕事が全くはかどりません。

　クレーム対応時間の上限に正解はありませんが、**ひとりの対応時間は30分が限界だと思います**。この本に書かれてある内容を実践していただければ長くても10分以内にクレーム対応は終わると確信しています。

　実はクレーム対応に1時間以上かかる理由としては、初期対応に失敗しているケースが考えられます。最初の謝罪が十分ではなかったり、話の聴き方がよくなかったりしてお客様をさらに怒らせ、揚げ足をとるかのようにいろんなことを言われる状況が想定されます。

　その他の理由として、お客様から何度も同じ話をされていることも原因となり対応時間が長引いてしまうのです。

仮に電話対応が30分以上かかっているのであれば、"人を代える"ようにしてください。
 「お客様、お話よく理解しました。上の者に報告をしてどう対応させていただくか、折り返しさせていただけませんでしょうか」と、うかがいを立てるのです。

 上司に対応を代わるにしても、お客様のクレーム内容を上司に共有して組織としてどう対応するのかを検討する時間も必要ですので、1時間後に折り返したいが、お客様の都合はどうなのかも忘れずに確認するようにしてください。こちらが主導権を握り時間を少し空けることでお客様に冷静になってもらえるようにしましょう。

 対応者の交代ルールについては、ひとりまでとしてください。次に折り返す上司が最後の対応者です。組織によっては何人も対応者を代えるところもありますが、2人目の対応者で円満解決するように全力を注いでください。必要以上にお客様の時間を奪うようなことはしないよう心掛けてください。

クレームの心理
 クレーム対応に時間がかかると、疲れてしまって他の仕事にも影響が出てしまうので初期対応に注力する。

具体的行動
 30分以上かかる場合は、初期対応がうまくいっていないと考え、人を代えるようにしよう（ただし交代は1回限り）。

088　部下からクレーム対応を引き継ぐ際の注意点

メモを取らなかった部下は、事実を曲げることもある

　上司として部下からクレーム対応を引き継ぐ（二次対応）際の注意点としてもっとも気をつけたいのは、部下からの報告内容が正しいかどうかを確認することです。
　クレーム対応はお客様の話にメモを取りながら聴くことが大切だとお伝えしてきました。それは、お客様が何と言ったのかという「事実」を把握するためです。ですので、上司は部下から報告された事実をもとに対応しなければなりません。

　しかし、部下がメモを取っていなかった状態で、クレームを引き継ぐことになった場合、残念ながらその報告内容を鵜呑みにしない方が賢明だと考えます。
　部下はクレームを受けると、自分の評価を下げたくないと保身に走り、上司に対しては自分が悪くないように報告をしてくる傾向があるからです。
　つまり事実ではなく、「自分の意見や都合の良い解釈」を報告してくるのです。二次対応の際に避けないといけないのは、「そんなこと、私は言っていない」と、言われてしまうことです。まさに部下からの報告が事実ではなかったということが原因で、こ

第5章　クレームに強い組織の共通点

のように言われると、お客様からの信頼を失ってしまいます。二次対応でもうまく収束できないことになってしまいます。

　仮に部下がメモを取っていなかった場合は、お客様の了承を得てもう一度、話をしてもらうようにするべきです。
「お客様、この度は私共の対応でご不便をおかけしまして、誠に申し訳ございません。先ほど私の部下の○○に話をしていただいたかと思いますが、あらためて責任者としてメモを取らせていただきながらひとつずつお話をうかがいたく存じます。内容を教えていただけませんでしょうか」と、伝えるようしましょう。

　私の経験上、上司が真剣に話を受け止めようとし、メモも取ろうとする姿に、先ほどの対応者とは姿勢が違うとお客様は感じ取るようになります。冷静に話し始めるようになります。お客様も話すのが２回目になることもあり、理路整然と時系列で話してくれますので、何があったのか事実がしっかり把握できるようになります。

クレームの心理
　クレームを受けた部下は、評価を下げないために「自分の意見や都合の良い解釈」を報告したくなる。

具体的行動
　二次対応は失敗できないので、部下の報告内容が事実であるかを徹底的に確認してから対応しよう。

089 組織としてクレーム対応力を上げる方法

クレーム内容を共有すると、組織の対応力は向上する

　クレームが発生したことを未だに"恥"や"汚点"だと考えている組織が少なくありません。

　この考えが組織に蔓延していると組織で共有されることがなく、何度も同じクレームを受けてしまいます。

　取引先の経営者から「クレームは同じ人間ばかり起こすので個人の仕事やり方の問題」と言われたことがありますが、本当にそうでしょうか。

　仮に個人の仕事のやり方の問題であっても、誰もが起こす可能性を否定できません。発生したクレームを組織全体で共有し、未然に防ぐよう注意喚起したり、発生した場合はどう対応するのかを明確にしたりしておくことがとても大切です。

　ネット通販会社でのトラブルで、お中元セットとして売り出した地方の特産品をお中元の時期前に届けてしまい、お客様からのクレームが発生したことがありました。

　WEBシステム担当者のミスが原因で通常のお届けとなり、早く届いてしまっていました。

　クレームは電話とメールで入っていたのですが、それぞれ担当

者が違い、個別に対応して収束はできたものの、誰も上司に報告をせず組織で共有されなかったことで、システムエラーに気付かず、その後100件以上のクレームを受けるハメになりました。

すぐに共有できる仕組みがあれば、このようなことは起きなかったのではないかと思います。

クレーム対応に強い組織は、クレームが発生した後、組織全体に報告が上がる仕組みをつくっています。

ミスをしたクレームを起こした人を責めたくないと考えて、その本人を会議室に呼び出し注意する程度で終わらせている組織がありますが、また同じことが起きてしまいます。

クレームの共有の仕方としては、朝礼の場だったり、メールなら【重大案件報告】というタイトルで全員が見られたりするようにすることができます。朝礼であれば、「こういうクレームがありましたので、気を付けるように」という口頭注意だけでなく、仮に同じことが起きた時にはどうお客様に伝えるのかを書面でマニュアル化するところまで徹底して行うようにしていただきたいです。

クレームの心理

クレームを受けた人を庇おうとして共有しないと、他の人が同じ失敗をしてしまうこともある。

具体的行動

再発防止と対応力強化のために、クレームは朝礼の場やメールで共有するようにしよう。

090 クレームから売上げを増やす方法

失敗を数値化すると、売り上げが増えていく

　これはお客様心理ですが、お客様は一度気に入った商品やサービスがあると、その商品やサービスを使い続けたいと考えます。
　さらにコンビニ、お弁当屋さん、カフェ、クリーニング屋、銀行など会社や家の近所にある店舗に関しては、近くて便利なのでずっと利用したいと考え、他を利用しようとはあまり思いません。ですので、基本的にはクレームをあまり言いたくないのですが、仮にクレームを言ったときにはしっかり対応してくれないと、本当にガッカリします。「今までこんなに利用してお金を使ってきたのに、こんな対応されて許せない！」とクレームがエスカレートするケースがあります。

　クレーム対応は数値化できることをご存知でしょうか。
　クレーム対応に失敗することで、どれだけの未来の売上を失ったのかを数字にする考え方です。
　たとえば、旅行会社であれば毎年夏休みと正月休みに年2回の海外旅行で100万円使ってくれているお客様がいたとしましょう。大変ありがたいお客様です。しかし、あるときこのお客様からの小さな不満からくるクレームに対して、うまく対応できな

かったことで信頼を失ってしまい、それがキッカケで他の旅行会社に取引を変更されてしまった場合、その先10年間でお申込みいだけるはずだった1,000万円の売上を失うことになります。

　とんでもない機会損失です。もし、このお客様に対応不備があったことを周囲に悪いクチコミとして広められてしまうと、企業としては利益だけでなく、ブランド失墜にも繋がりかねません。逆に、2年に1回ペースで温泉旅行に3万円使っていたお客様の大きなクレームに対して、しっかり対応したことで信頼を勝ち取り、その後温泉旅行だけでなく海外旅行もお申込みいただけるようになり毎年100万円以上使ってくれるお客様になり、10年で1,000万円の売上があがることもあります。

　このようなケースはどこの業界でもよくあることです。

　私はお客様相談室勤務の前は営業マンでしたので、クレーム対応を売上数字に換算する意識を常にもっていました。組織としてお客様のクレーム対応する場合は頭の片隅に置いていただきたい考え方です。

クレームの心理
　お客様の信頼を失うことで、未来の売上がどれだけ減少するのか常に意識すると対応の意義が見えてくる。

具体的行動
　クレーム対応はチャンスと捉えて、完璧に対応することでファンを増やし、売り上げを増やそう。

最終章

クレームを起こさない人の仕事の習慣

091　効率だけを重視することの問題点

仕事の効率だけ意識すると、お客様が見えなくなる

　一般的に仕事は効率よくやろうというのが、ビジネスパーソンにとっての常識になっています。ただ、効率を重視してはいけない部分があります。それは、**お客様とのコミュニケーション**です。

　お客様とのコミュニケーションは効率ではなく、効果を重視する必要があります。重視する効果とは何か、それは、お客様を笑顔にすることです。

　効率ばかり意識して仕事をすると、仕事が雑になり接客シーンでもお客様を「さばく」ようになります。
　私の家の近所にある定食屋でお客様から「私が先に注文したのに、どうしてあっちが先なのよ」とクレームを言われているシーンを見ました。
　店員さんは注文をさばくことに必死で、注文の順番を把握していません。できたものから出すことを重視し、お腹を空かせて待っているお客様が見えていませんでした。
　そしてクレームを言われても、「料理によってかかる時間が違いますので……」とだけ伝えて、謝罪の一言もなくクレーム対応

も効率よく終わらせていました。私がそのシーンに遭遇してから半年後、そのお店は閉店していました。

　美容室でもクレームの多い店は、売り上げを上げるためにいかにたくさん予約をに入れるかと、いかに効率よくさばいていくかしか考えていません。
　結果は、予約時間に遅れて来るお客様もいて自分たちの思い通りに効率よくオペレーションすることができず、待ち時間の長さへの不満や、いろいろ髪型を提案して欲しかったお客様からは、適当にあしらわれたと思われ、その場でクレームを言われなかったとしても二度とお店を予約することはなくなります。

　予約の数や売上を意識すると一時的には、利益に繋がることもありますが、長期的には維持することは難しいです。私の好きな芸人さんの名言で**「人気は、高さではなく長さ」**というものがあります。お客様に長く評価されるためにもお客様のこと大切に思い、良好なコミュニケーションを心掛けましょう。

クレームの心理
　売上はお客様とのコミュニケーションの長さに比例する、クレームの数は良好なコミュニケーションに反比例する。

具体的行動
　お客様を笑顔にするために、仕事の効率を考えてお客様を「さばく」のではなく、丁寧に「対応」しよう。

092 クレームを起こさない人になるためのヒント

受けて良かったサービスを、採用するとお客様は喜ぶ

　いつもクレームを言われているコンビニがあります。職業病でしょうか、そういう店には勉強のためについつい通ってしまうのですが、このコンビニはクレームを言われるべくして言われている仕事ぶりなのです。とにかく第一印象が悪いのです。入店しても笑顔で挨拶された記憶がありません。でもそれ以上に一番気にかかるのが、店の入り口正面にある女性用化粧品コーナーです。

　この化粧品コーナーにはこんな貼り紙があります。「いつもここで万引きしている方々へ、今度見つけた場合は警察に即通報します！」と果たし状のようなものが……（笑）。これは、良いお客様まで疑っているようで、とても印象が悪いです。このコーナーで商品を手に取る方はどんな気持ちでいるのだろうか、とても気になります。お客様のことを信用していない様子がとても伝わってきます。このコンビニの仕事ぶりには嫌な感情しかもてません。

　逆にクレームを起こさないためにやるべきヒントとして、**自分が受けて気分が良いと感じたサービスは、今度は自分がやる**ということがあると思います。

タクシー会社の社長さんから教えていただいた話です。当然ですが、出張先などでは他のタクシー会社を利用することがあるそうです。商談を終え、大通りを出て空車のタクシーが見えたので手を挙げ停め、乗り込んだところ、このタクシーの運転手さんから笑顔で「お待たせしました！」と言われてすごく感動したことがあったそうです。

　別に待ったわけではなく、むしろこちらの方が「いいときに来てくれてありがとう」という気持ちになるぐらいでしたが、この運転手さんのちょっとした気遣いの言葉で人はこんなに気持ちよくなるのだと幸せな気持ちを味わったそうです。その後、会社に戻り、この対応を接客マニュアルに追加し実践するようにしたそうです。

　社長は、「タクシードライバーの仕事は、行き先に安全にお送りするだけではないということに気付けた。すごく良い勉強をさせていただいた」と笑顔でそうおっしゃっていたのがとても印象に残っています。

　人に幸せな気持ちにしてもらうと、今度は自分が人を幸せにしたくなるという感情が、良いサービスを増やしていく。良いサービスは駅伝の襷をつなぐようにリレーされていくのだと思いました。

クレームの心理
　自分が客の立場で良いと思ったことは、自分の仕事を考えるヒントになる。

具体的行動
　クレームを減らすために、自分が受けて嫌な気持ちになったサービスを反面教師にしてみよう。

093 ファンをつくる接客方法①

サービスの価値を高めると、値引き以上の効果が得られる

　商品の価格を値引きするとお客様が喜んでくれると思っている企業や店がありますが、私はそうではないと考えています。

　喜んでくれるのは最初の１回だけです。一度、価格を下げてしまうと、お客様はもっと安くなるのではないかと思うようになります。通常価格では不満をもち、そこの店では値引きした商品でないと買わなくなります。高い買い物は他のお店でするようになります。

　企業や店は価格を下げることで、利益が減っているにもかかわらず、お客様にも喜ばれないという悪循環に陥るのです。

　価格が高い商品より安い商品の方が、クレームが多くなるというデータがあるのはご存知でしょうか。

　とくにわかりやすい業界は旅行業界です。温泉旅館で１泊２日（朝・夕食付き）プランは9,800円と15,800円のプランでは価格の安い9,800円のプランの方が３倍以上のクレームが発生します（＊著者調べのデータです）。

　理由は「安かろう悪かろうだった」とお客様は不満をもち、クレームを言ってくるからです。

夕食会場に行き、隣の席の15,800円プランの料理と品数の違いを見つけます。価格を安い方を選んだのは自分であるにもかかわらず、腹を立てます。さらに夕食後に部屋戻ってから、窓から見える景色があまり良くないかもと考えるようになり、「やっぱり安いからそうされた」と、さらに不満をもつようにもなります。その他の点についてもどんどんあら捜しをするようになるのです。

私の取引先の旅館の話ですが、帰りのチェックアウト時にフロントで「部屋が汚かった」「接客が良くなかった」とクレームを言って帰るのは9,800円プランのお客様ばかりで、15,800円プランのお客様は「とても良い時間になりました。お世話になりました」と笑顔でお礼を言ってお帰りになるそうです（笑）。

価格を下げることではお客様をずっと満足させることができません。**お客様に喜んでもらうために自分たちができる最高のサービスは何なのか、追求して増やしていくことが大切なのです。**お客様は価格以上の価値を感じるとお金を出したことに満足します。この商品を買って良かったと思うようになるのです。

クレームの心理
安ければ安いほど「お買い得」なはずなのに、安さに由来する（と思える）粗に目が行くようになり、不満がたまる。

具体的行動
値下げで自らの利益を損なうのではなく、サービスの"価値"を高めて満足度を上げよう。

094 ファンをつくる接客方法②

お客様をわかろうとすると、お金をかけず特別扱いできる

　クレームを一切言わずに、値引きも要求してこず、新しいお客様までたくさん連れてきてくれる人がいます。それが、ファンのお客様です。

　ファンのお客様で溢れる企業や店はクレームが発生することなく、ストレスゼロで毎日楽しく仕事をしています。

　どうでしょう？　自分たちもこんな状態で仕事をしたいと思いませんか？

　私が考えるファンをつくる法則としてもっとも大切なことは"お客様の良き理解者"になることだと考えています。

　そうです。クレーム対応でも、お客様の良き理解者になることが大切なことだとお伝えをしましたが、全く同じです。接客をする上での"真理"なのです。

　接客をする上で、良き理解者になるためにはどうすれば良いのか。それは、**お金をかけずお客様を"特別扱い"することです。**

　ポイントは、お金をかけないということです。お金をかけずにお客様を特別扱いしようとすると、お客様のことを理解しようとしないとできません。逆を言うと、お客様は自分のことをわかっ

てくれていると感じたときにファンになります。

　私には10年以上通い続けている大ファンのカフェがあるのですが、私が夏でも冬でもアイスカフェラテしか飲まないことを知ってくれていますので、店舗スタッフは私が来店したタイミングでアイスカフェラテを作り始めます（笑）。そして、私が座りたい席を理解しているので何も言わずにその席のテーブルを拭いて椅子を整えてくれます。

　行く度に私のことを理解してくれていると感じることができるので、このカフェが大好きで通い続けているのです。

　大ファンなので、講演会ではこのお店の名前を出して宣伝部長のように良いクチコミを広げています。新しいお客様を紹介していますので、このカフェの店長にもいつも感謝されます。

　取引先のゲーム会社では、ゲームセンターによく来てくれているお客様がいつも同じところでミスしている場面を見かけると、他のお客様に内緒で実演して見せて、お客様をファンにしている名物店長がいます（笑）。みんながこの店長の大ファンです。

クレームの心理
　お客様は、自分を理解してもらえていると思う人のところをまた訪れたいと思うものである。

具体的行動
　ファンをつくるために、お客様をよく理解する必要があり、そのためにはお金をかけずに特別扱いすれば良い。

095 お客様を笑顔にする効果的な対話術

商品の長所を伝えるのは、短所を伝えた後にする

　クレーム全体の20%前後はお客様の思い込みがキッカケで発生します（＊著者調べのデータです）。

　お客様の思い込みのクレームが起きるのは、接客の場やホームページ上での表記での商品の説明不足が原因です。とくに、お客様に商品を買ってもらいたい、注文が欲しいと考えると商品の長所やメリットの部分のみを伝えてしまうことがあります。

　当然ですが、お客様の期待値は上がってしまいます。購入したときは大変満足するのですが、後になって短所やデメリットの部分を見つけると、「聴かされていなかった」「知らなかった」というクレームが起きるのです。

　クレームを受けない企業や店の共通点は、商品の長所と短所の両方をしっかり伝えていることだと思います。

　「短所を伝えるなんて、売り上げが下がるから嫌だ」と、考えていると、後になってお客様から「騙された」と思われ信頼を失ってしまいます。長い目で見ればこの考えでは売り上げは下がっていく一方です。

長所と短所の両方の良い伝え方があります。それは、**最初に短所の部分を伝えてから長所を伝えるようにする**方法です。

「価格は少し割高ですが、印刷スピードは業界No1です」「この点は他のメーカーより性能は落ちますが、当社のウリはこちらです」というように伝えるようにします。

これは、商品の長所・短所を伝える順番も大切ですが、情報を包み隠さず全て公開するということが一番大切だということです。

不動産会社でもクレームになるのが、入居してからのマンションの部屋以外での他の情報についてです。

「エントランスがいつも汚い」「上の住人の足跡がうるさい」「目の前に新しいマンションが建つなんてしらなかった」等、知っていれば契約しなかったというのがクレームになります。

世の中に完璧な商品は存在しません。お客様が不満に思う可能性のあるものをリストアップし、情報を全て公開して差し上げることが大切です。お客様は全て理解した上で、自分で納得して決めたと考えるとクレームを言ってくることはありません。

[クレームの心理]
短所と長所などの対になる情報は、最初に聞いた情報よりも、後に出される情報の方が記憶に残る。

[具体的行動]
伝えるべき情報を全て提供した上で、お客様に納得して決めていただくことを目指そう。

096 お客様から信頼を得る仕事術

クレーム内容を公開すると、お客様からの信頼度が上がる

　消費者は企業を信用しなくなってきました。企業のテレビCMを見て商品を買う人はどんどん減っているのではないでしょうか。

　もちろん新しい商品が発売されたと認知するようにはなりますが、買うかどうかは全く別だと思います。

　世の中の消費はSNSが主導権を握るようになりました。自分が信用するのはSNSで繋がっている仲間のクチコミ情報や紹介ではないでしょうか。

　SNSでフォローしている友達がテレビCMで見たその商品を使ってコメントしている内容を見て購入を決めるようになったのです。

　ただ、このように世の中はSNSの情報でしか消費が動かなくなったのではありません。実は、SNSが登場する以前と同じで、人と人の関係性で消費が動くのです。つまり、**信頼している人からの情報でしか、人はお金を使わないのです。消費しないのです。**

　信頼関係があるかどうかが根っこの部分にあるのは今も昔も変わらないのです。

最終章　クレームを起こさない人の仕事の習慣

　では、SNSで繋がっていない、信頼関係がまだ築けていないお客様は、どの部分を見て企業に信頼感をもつようになるのか。

　それは、情報発信の内容です。情報は長所も短所もさらけ出すべきだとお伝えしました。**さらに信頼を得る情報として、クレーム内容をお客様に公開することがあると思います。**

　優秀な保険の営業マンは「このプランは日帰り手術が保険適用外ですので、お気をつけください。過去に私の説明不足でお客様から大変お叱りを受けました」と商談の場で正直に伝えています。

　取引先のリフォーム会社の社長は自身のフェイスブックに「水回りのリフォームはキッチンをやると洗面所やトイレも後になって追加で工事したくなるので、じっくり検討してください。＃いつも何で先に言ってくれないのとクレーム」と、発信したことでそれを見た新規のお客様から700万円の工事依頼が来たことがありました。

　クレームが起きたら、「失敗した」と考えるようにはしなくて良いということです。そこから学んだことや仕事のやり方を変えたという情報を全て公開することがお客様から信頼を勝ち得ることになると考えるようにしてください。

　クレームの心理
　お客様は、自分は買い物に失敗したくないという気持ちがあるため、過去のクレーム事例を知りたいと思っている。

　具体的行動
　お客様からもっとも信頼を得るために、過去のクレーム事例を正直に語ろう。

097 お客様から評価される仕事術

短所を長所に読み替えると、仕事に共感する人が出てくる

　自分たちの商品の短所やデメリットに対して「しょうがない」と諦めている企業や店があります。
　「駅から遠いから客が来ない」「知名度が低いので売上が伸びない」と、嘆いています。
　しかし、一方で不便な場所にあってもお客様が足繁く通い、知名度が低くても熱狂的なファンがついている企業やお店があります。そのようなところは、お客様は「駅から遠くて不便だ」と考えずに「**隠れ家的存在**」と認識しています。「知名度が低い」のではなく「**私だけが知っている**」と考え、ファンになっているのです。

　自分たちでここは短所だと考えずに、前向きな言葉に変換して情報発信したり、不便だったり知名度が低かったりしてもそれを吹き飛ばすぐらいの気持ちで目の前のお客様を笑顔にする努力を怠らないよう仕事に対して真摯に向き合うことがとても大切です。

　東京都墨田区に「千輪(ちりん)」という、自転車を売らない自転車屋さんがあるのはご存知でしょうか。この店のオーナー長谷川勝之(はせがわかつゆき)さ

んは、元々自転車の大手チェーン店の社員でした。故障した自転車を店にもちこむお客様のほとんどが、修理すればまだ乗れるにもかかわらず、スグに新品の自転車を購入していくことに大きな疑問を感じながら仕事をされていました。店としては、修理は手間も時間もかかるものなので、効率よく売上があがる新品の自転車を購入してもらえることは大変ありがたいこと。でも長谷川さんは、自転車に対してもっと愛着をもって修理しながらでも乗り続ける人を世の中に増やしていきたいと考え、独立し自転車雑貨店「千輪」を開業しました。

「千輪」では、自転車は1台も売ることをせず、修理して長く乗ってもらうために、可愛らしい自転車専用グッズやアクセサリーを販売し、自分の自転車に愛着をもつお客様をたくさん増やしています。そして、世の中に使い捨てされる自転車がなくなることを自分の大きな夢に掲げ、毎日汗を流しています。

この長谷川さんの考えに共感した人たちが全国から「千輪」にやってきます。まさに「あなたにお願いしたい」「あなたから買いたい」と思うファンに囲まれて毎日笑顔でお仕事をしています。

クレームの心理
デメリットをメリットに変えようとすると、お客様の笑顔や世の中のために仕事をする意識が自然と出てくる。

具体的行動
自分の仕事は誰を幸せにしているのか、社会とどのような繋がりをもつのか、常に考えて仕事に取り組もう。

098 クレームをクレームで終わらせない方法

クレームを前向きに捉えると、サービスを増やせる

　新しい商品やサービスのアイデアというものは企画会議で議論しているなかで誕生するというよりは、お客様からのクレームから思いつくということが、本当にたくさんあります。

　実は私にも経験があります。私の講演会のお越しになった家電量販店でテレビコーナーを担当しているという、長井さんからクレームのご相談を受けました。

　お客様から「買う気はなかったのに長々と商品の説明をされて、押し売りのようでとても不快だった。」というクレームを受けるというのが彼の悩みでした。

　私自身はこの長井さんのとても真面目なお人柄に大変良い印象をもっていました。

　彼は押し売りしているのではなく、商品に対してとても勉強熱心で誰よりもテレビのことに詳しく、お客様に一生懸命な姿勢が、逆にお客様に嫌な気持ちを与えているのだと考えました。そして私は長井さんにこう提案しました。

　「"日本で一番説明の長い販売員"という、たすきでも作って、じっくり説明を聞きたいお客様対象に接客してみれば良いのでは

ないですか？ お名前も長井さんだし、良い方法だと思いますよ」と、そうアドバイスをしました。

その場では長井さんは笑って「それ面白いアイデアですね。」と言われて講演会場を後にされただけだったのですが、後日この長井さんからメールをいただきました。その内容は、「たすきまでは作るのは恥ずかしいですけど、『日本で一番長くテレビの商品説明が出来ます！ テレビの達人の長井です。』と書いた名札をつけて店のフロアに立つことにしました。」という内容でした。

そうしてからは、最新のテレビに関して商品の知識のないお客様やじっくり話を聴いてから購入したいと考えるお客様たちが積極的に長井さんにご相談に来られるようになったそうです。お客様とじっくり付き合うことができ、良好なコミュニケーションが取れるようになったと大変お喜びでした。**クレームからサービスを増やす**良い機会だったと思っています。最近では家電メーカーや量販店でも家電に詳しいスペシャリストとして「家電コンシェルジュ」というネーミングも定着していますが、私は長井さんこそが元祖で先駆者だと考えています（笑）。

クレームの心理
クレームを前向きに捉えようとすると、価値観が反転して新しいアイデアが生まれやすい。

具体的行動
良薬口に苦し。お客様の笑顔にするサービスを増やすために、「苦」を「快」にする姿勢をもつようにしましょう。

099 クレームを起こさないための上司の仕事術

自分の部下を笑顔にすると、クレームは激減する

　実は、クレームを起こさない一番簡単な方法があります。
　それは、現場の従業員の接客力を上げて顧客満足度を上げるのではなく、**現場で仕事をしている人の従業員満足度を上げるようにすることです。部下を笑顔にすることです。**
　では、どうすれば部下を笑顔にすることができるのか。それは、仕事の目的とやる価値を明確にしてあげることです。

　アウトレットショップでの話です。他の業界から転職してきた、とても優秀な新任マネージャーさんがいました。
　着任した彼が最初にしたことが、この施設の入り口にアンケートボックスが設置したことでした。
　その数週間後、アンケートを回収してみて一番多く書かれたことが、駐車場の警備員スタッフの仕事ぶりに対してのものだとわかりました。「笑顔がない」「不愛想でおもてなしのかけらもない」という厳しいクレームが多数書かれていました。
　これは私の個人的な感想ですが、駐車場ではスムーズにお客様のクルマを誘導し、安全を確保することが最優先されますので、笑顔やおもてなしは果たして必要だろうかと、そう考えていました。

しかし、そのクレーム内容を見て、マネージャーは業務改善に着手しました。その方法がとても素晴らしかったのです。
　そのままお客様のクレーム内容を現場の警備スタッフに伝えて注意を促すことはしませんでした。
　警備スタッフが集まった朝礼の場で「皆さん、お客様の楽しいお買い物の時間は、皆さんが安全を守っている駐車場から既にスタートしています。警備のプロとして笑顔とおもてなしの気持ちをもってお客様をお迎えしましょう！　きっとお客様たちも喜んでくれますよ」と伝えたところ、警備スタッフの仕事への態度が大きく変わったそうです。それからはアンケートに同じクレーム内容が書かれることはなくなったと教えていただきました。

　人は否定しても変わることはありません。率先して行動を変えることはありませんが、このマネージャーの警備スタッフに対して仕事の目的とやる価値を伝えたことによって、人は自ら進んで動くということを実証してみせました。クレームを減らす方法がわかる、とても良い事例だったと考えています。

クレームの心理
　現場で働いている人が笑顔だと、お客様も自然と笑顔になってくる。

具体的行動
　クレームを減らすために、現場のスタッフが笑顔で働けるように配慮しよう。

100 クレームに無縁な人の仕事術

仕事を心から楽しむと、笑顔になってクレームが減る

　クレーマー社会と言われる世の中で、毎日クレームを受けて心をすり減らしている人がいれば、クレームとは無縁で、ストレスのなく仕事し、お客様からも喜ばれて毎日の仕事が充実しているという人もいます。

　この違いは一体何なのでしょうか。私は、どれだけ仕事を楽しんでいるかの違いだと考えています。

　クレーム対応に疲弊している方は、仕事を楽しめていない、仕方なく仕事をしているという特徴があります。接客の場面でもお客様のことに関心がなく、お客様の立場に立ってサービスを提供しようという考えがあまりありません。

　では、なぜ仕事が楽しめないのか。それはお金のためだけに仕事をしているからです。自分の人生の大切な時間をお金に換えているだけの意識しかないからです。

　仕事はお金を稼ぐためだけにやる人は、クレームを受けると損したと考えます。他にも従業員がいるのに自分だけクレームを受けて不公平だと考えます。その気持ちがお客様に伝わり、お客様はどんどん怒りを増大させてしまうのです。正直、誰も得するこ

とはありません。

もし、クレームとは無縁でストレスなく仕事をしたいと考えるのであれば、目の前の仕事を楽しむことです。どうすれば仕事が楽しくなるのか。それは目の前のお客様を喜ばせようとすることです。

人は仕事をしてお金を稼いだだけでは心の充実を得ることはできません。仕事をして本当に心の充実を得られるのは、お金が手に入るひとつ手前に、お客様を笑顔にすることができた、喜んでいただけたという嬉しさがあって、その対価としてお金を稼いだときなのです。

つまり、お金が手に入ったからではなく、お客様に喜んでもらえたと感じることができると、仕事が楽しくなるのです。仕事をしていて自然と笑顔が増えるようになるのです。

目の前のお客様を喜ばせようと一生懸命な人にお客様はクレームを言いません。「それは無理です」とお客様のために何も行動しないような人に対して、クレームがたくさん起こるのです。

クレームの心理
仕事はお金を稼ぐためだと思うと、気持ちも疲弊してきてクレームも起こりやすくなる。

具体的行動
お客様に喜ばれるために、目の前の仕事に尽力しよう。するとお客様は笑顔になり、クレームも言われなくなる。そして仕事も楽しくなる。

おわりに

　『失敗しない！クレーム対応100の法則』、いかがでしたでしょうか。あなたのお役に立てる内容になっていましたでしょうか。

　お客様相談室時代に、私がクレーム対応をうまくなりたいと思うようになった理由のひとつに、自分の子供に誇れるような仕事での特技をつくりたいと考えるようになったことが大きいと思います。それまでの自分は暗い気持ちで会社に行って、何事もなく過ごせればそれで良いと考え、あまり仕事に熱中することがなかったのです。自分は何ももっていない大人だったような気がします。

　カッコいい父親になりたいという自分勝手な野望がキッカケではありましたが、クレーム対応に強くなろうと、この仕事に向き合うようになりました。
　たくさんの失敗を重ねて試行錯誤しながらも、少しずつお客様の怒りを笑顔に変える方法を見つけられるようになりました。

　クレームを言っていたお客様から「あなたがそう言うなら、今回はそれでいい」「谷さん、あなたの言うことは信じよう。次も使うから次は頼むよ」「こんな対応されたら、あんたにはクレームは言えなくなるわ！」と、笑いながら言われるようになりました。心から嬉しい気持ちになった経験がいまだに忘れられません。こう言ってくださったお客様たちには感謝の気持ちしかあり

ません。

　そして、怒っている人を笑わせるなんて、お笑い芸人みたいで自分はカッコいいと思ったものでした（笑）。
　若いころ芸人を志半ばで挫折した自分にとってはクレーム対応が自分の武器となり、自分の子供に誇れる特技になりました。

　そしてこの経験知を体系化したのが、本書『失敗しない！クレーム対応100の法則』です。
　この本の執筆のご依頼をいただいたとき、最初は「法則を100個も⁉」と、正直思いましたが（笑）、あらためて自分自身がクレーム対応について深く掘る良い機会を頂戴できたと思っています。この機会を提供してくださった日本能率協会マネジメントセンターの東寿浩さんには心より御礼申し上げます。

　書き終わって今思うことは、あと100個ぐらいは法則があるな、ということです。
　この続きは、私の講演・研修やテレビ番組でご紹介できればと考えておりますので、是非声をかけてください（笑）。

　最後まで読んでくださり、ありがとうございました。

谷 厚志

谷　厚志（たに・あつし）

怒りを笑いに変えるクレーム・コンサルタント。一般社団法人日本クレーム対応協会の代表理事。日本メンタルヘルス協会基礎心理カウンセラー。

1969年生まれ。近畿大学卒業後、企業のコールセンター、お客様相談室で責任者として2,000件のクレーム対応に従事。一時はクレームによるストレスで出社拒否状態になりながらも「クレーム客をお得意様に変える対話術」を確立する。現在は独立し、クレームで困っている企業のために全国でコンサルティング活動を展開、具体的なクレーム対応法を指導している。圧倒的な経験知と人を元気にするトークがクチコミで広がり、年間200本の講演・研修にも登壇する。

著書に『「怒るお客様」こそ、神様です！』（徳間書店）、『心をつかむ！誰からも好かれる話し方』（学研パブリッシング）、『超一流のクレーム対応』（日本実業出版社）、『ピンチをチャンスに変えるクレーム対応術』（近代セールス社）などがある。

フジテレビ系列「ホンマでっか!?TV」に企業クレーム評論家として出演中。

日本クレーム対応協会　http://www.ikariwoegao.org/

谷厚志公式サイト　https://www.taniatsushi.com/

失敗しない！クレーム対応100の法則

2019年12月30日　初版第1刷発行

著　者——谷　厚志　　Ⓒ 2019 Atsushi Tani
発行者——張　士洛
発行所——日本能率協会マネジメントセンター
〒103-6009 東京都中央区日本橋 2-7-1　東京日本橋タワー
TEL 03(6362)4339(編集)／03(6362)4558(販売)
FAX 03(3272)8128(編集)／03(3272)8127(販売)
http://www.jmam.co.jp/

装　丁——冨澤　崇（EBranch）
本文DTP——株式会社森の印刷屋
印刷・製本—三松堂株式会社

本書の内容の一部または全部を無断で複写複製（コピー）することは、法律で認められた場合を除き、著作者および出版者の権利の侵害となりますので、あらかじめ小社あて許諾を求めてください。

ISBN 978-4-8207-3193-1　C2034
落丁・乱丁はおとりかえします。
PRINTED IN JAPAN

JMAM 好評既刊図書

人の心理をビジネスに生かす
心理マーケティング100の法則

酒井とし夫　著

四六判232頁

ビジネス心理学に基づく販促テクニックや営業術を「見開き2ページで100項目」紹介。年間100講演行う人気マーケターが事例を使って解説する。

出世する人は、話し方が9割
人生が大きく変わる話し方100の法則

酒井とし夫　著

四六判224頁

あがり症だった著者が、心理学とボイトレをベースに、独自のノウハウを加味して開発した話し方テクニックを、すぐに使えるように100項目に分割して公開する。

日本能率協会マネジメントセンター